KB246996

**PAGODA** Books

일본어가 쑥쑥 자라는
**NEW**
**すくすく 日本語** 기초완성 ⓣ

| | | |
|---|---|---|
| 초판 | 1쇄 발행 | 2010년 4월 20일 |
| 개정판 | 1쇄 인쇄 | 2013년 7월 19일 |
| 개정판 | 1쇄 발행 | 2013년 7월 26일 |
| 개정판 | 21쇄 발행 | 2024년 9월 23일 |

**지 은 이** | 하영애, 우노 히토미
**펴 낸 이** | 박경실
**펴 낸 곳** | **PAGODA Books** 파고다북스
**출판등록** | 2005년 5월 27일 제 300-2005-90호
**주 소** | 06614 서울특별시 서초구 강남대로 419, 19층(서초동, 파고다타워)
**전 화** | (02) 6940-4070
**팩 스** | (02) 536-0660
**홈페이지** | www.pagodabook.com

**저작권자** | ⓒ 2013 하영애, 우노 히토미



이 책의 저작권은 저자에게 있습니다. 서면에 의한 저작권자와 출판사의 허락 없이
내용의 일부 혹은 전부를 인용 및 복제하거나 발췌하는 것을 금합니다.

**Copyright** ⓒ 2013 by Young-ae Ha, Hitomi Uno

All rights reserved. No part of this publication may be reproduced, stored
in a retrieval system, or transmitted, in any form, or by any means, electronic,
mechanical, photocopying, recording or otherwise, without the prior written
permission of the copyright holder and the publisher.


**ISBN  978-89-6281-361-6 (18730)**

| | |
|---|---|
| 파고다북스 | www.pagodabook.com |
| 파고다 어학원 | www.pagoda21.com |
| 파고다 인강 | www.pagodastar.com |
| 테스트 클리닉 | www.testclinic.com |

| 낙장 및 파본은 구매처에서 교환해 드립니다.

# NEW すくすく 日本語 기초완성 下


**머리말**

국제화가 진행되는 요즘, 옛날부터 [가깝고도 먼 나라]라고 불렸던 한일 양국의 문화교류도 점점 많아지고, 그 덕분에 가장 가까운 서로의 나라에 대한 관심도 높아져 있습니다.

다른 문화를 이해하는 데 있어서 가장 큰 장애물이 되는 것은 역시 언어의 벽이라고 생각합니다. 이 언어의 벽을 없애므로 해서 소통이 가능해지고 세계는 크고 넓어지게 됩니다.

이 책을 손에 든 모든 분들은, 목적이 무엇이든 새롭게 일본어를 시작하려고 생각하고 있는 것이겠지요. 이 책은 그런 여러분에게 이제부터의 공부가 보다 효율적이고 즐거운 것이 되도록 연구하면서 만들어졌습니다.

[말하기, 듣기, 쓰기, 읽기]의 외국어 습득의 4가지 영역의 능력을 향상시키는 것을 목표로 문법을 체계적으로 습득하고, 단어를 늘려서 일상 생활에 활용할 수 있는 일본어다운, 실용적인 표현을 익히게 하는 것, 그리고 문화적인 요소를 포함시켜서 일본 문화나 일본인의 생활에 흥미를 가지도록 하는 것에 중점을 두었습니다.

이 책을 통해서 일본어를 할 수 있는 기쁨과 말할 수 있는 즐거움을 느끼게 될 것 입니다. 틀림없이 책 이름처럼 일본어 실력이 [무럭무럭, 쑥쑥] 자라는 것을 느낄 것입니다.

끝으로 이 책을 출간하는데 지원을 아끼지 않으셨던 박경실 회장님과 **PAGODA** Books 의 여러분들, 협력해 주셨던 파고다 학원의 일본어과 선생님들, 그리고 응원해 주신 모든 분들에게 감사의 마음을 전합니다.



저자 **하영애, 우노 히토미**

일
러
두
기

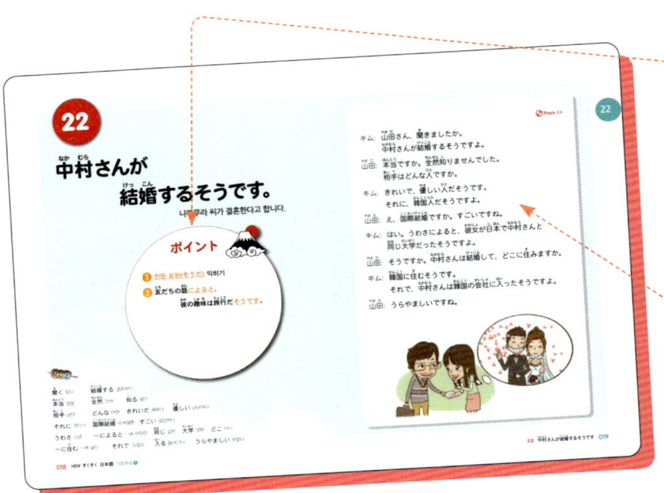

### 학습목표(ポイント)

각 과에서 학습해야 하는 문법의 목표를 한 눈에 쏙 들어보게 정리하였습니다. 학습 후에는 제시된 학습포인트를 스스로 확인하면서 복습할 수 있습니다.

### 회화본문

각 과에서 습득한 문형을 쉽고 자연스러운 문장으로 회화연습을 할 수 있도록 하였습니다. 이 대화문만 통째로 외우면 일본사람과 바로 대화할 수 있도록 하였습니다.

### 외워보자

일본사람과 대화할 때에 꼭 필요한 중요한 문형과 문법사항을 예문과 더불어 쉽고 간결하게 정리하였습니다. 또한 예문에 대한 해석이 바로 옆에 되어 있고, 아래에 단어 정리도 되어 있어 바로바로 확인할 수 있도록 하였습니다.

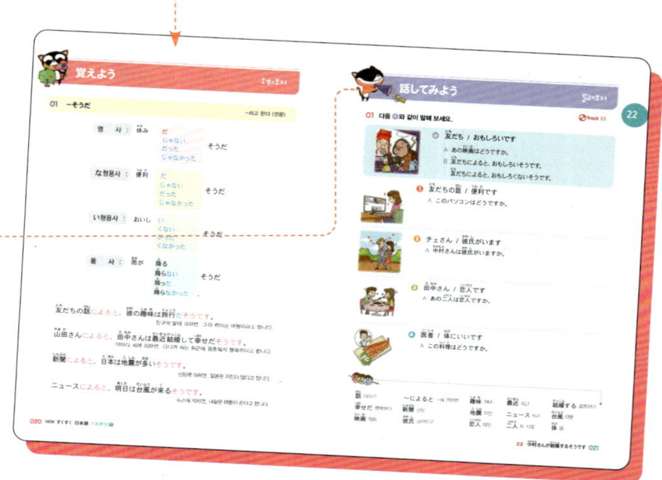

### 말해보자

학습한 문형에 더욱 다양한 어휘를 넣어서 말해보는 패턴 연습을 통해 중요한 문형과 어휘를 입으로 익힐 수 있도록 하였습니다. 또한 MP3에 수록된 일본사람의 발음을 듣고 따라하면서 실제 일본사람처럼 말할 수 있도록 하였습니다.

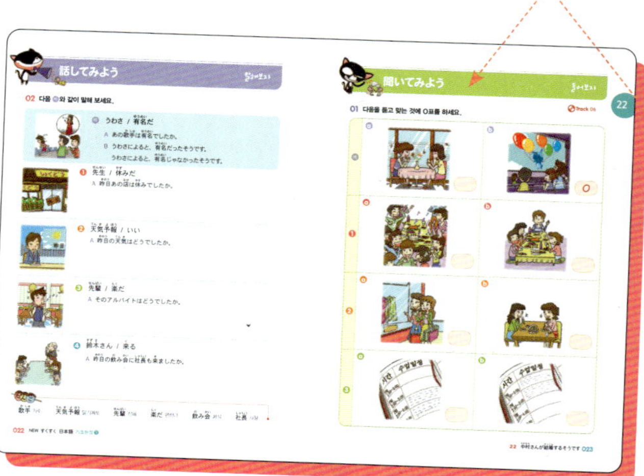

### 들어보자

상대방의 말이 들려야 대화를 할 수 있습니다. 각 과에서 습득한 문형을 이용한 자연스러운 대화와 문제를 통해 확실하게 귀를 뚫을 수 있습니다.

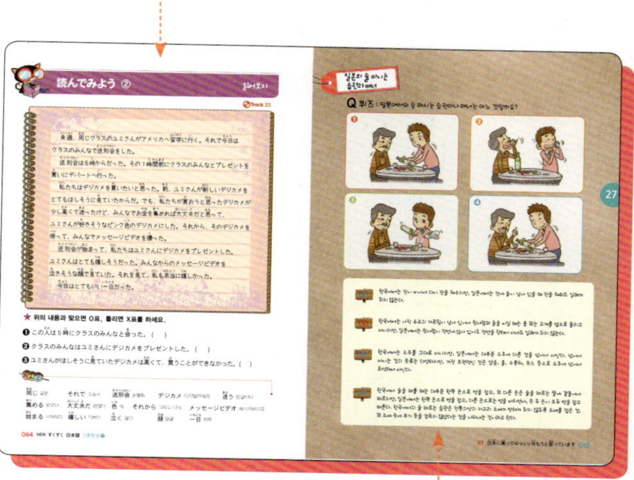

### 읽어보자

3개의 과 또는 4개의 과에서 배운 문형을 종합한 다양한 형태의 독해 지문을 통해 문장 해석 능력과 문장 이해력을 향상시켜 시험 대비 등을 할 수 있습니다.

### 일본문화

퀴즈형식으로 일본문화에 대한 진실과 오해(?), 그리고 한국 문화와의 다른 점을 체험할 수 있습니다.

### 워크북

각 과에서 습득한 단어, 문형 등을 복습할 수 있도록 만들었습니다.

❶ 한자를 히라가나로, 히라가나를 한자로 쓰기
❷ 히라가나를 카타카나로, 카타카나를 히라가나로 쓰기
❸ 일본어 문장을 한국어로 해석하기
❹ 한국어 문장을 일본어로 작문하기
❺ 단어와 문장을 듣고 받아쓰기

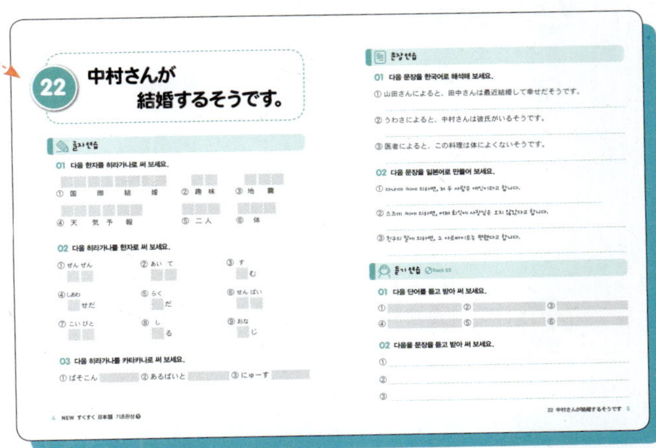

## 이 책을 효과적으로 사용하려면?

먼저 **학습 포인트**로 학습목표를 확인하고,
**외워보자**로 문형과 문법을 다지고,
**말해보자**로 입을 떼고,
**들어보자**로 귀를 뚫고,
**회화 본문**으로 자연스러운 회화를 습득하고,
**워크북**으로 각 과에서 배운 내용을 복습하면 됩니다!!!!!

● 워크북 정답 다운로드 www.pagodabook.com

# 21

ひと　おお
# 人が多かったけど、
たの
# とても楽しかった。

사람이 많았지만, 매우 즐거웠다.

## ポイント

**1** 명사, 형용사 과거형 익히기

きのう　あめ　で
**2** 昨日は雨でしたけど、出かけました。

ふ じ さん　たか　たいへん
**3** 富士山は高くて大変でしたけど、
けしき
　　景色はとてもよかったです。

きのう
昨日 어제　テーマパーク 테마파크

い　く　たの
行って来る 다녀 오다　楽しい 즐겁다

ひと　おお
人 사람　とても 매우/아주　多い 많다

うらやましい 부럽다　そこ 거기　乗り物 놀이기구

じっ
ショー 쇼　実は 실은　バイト 아르바이트　仲間 동료

ごう　ほんとう　おとこ ひと
合コン 미팅　本当 정말　男の人 남자　みんな 모두

やさ　ざんねん　こん ど　しょうかい
優しい 상냥하다　タイプ 타입　残念だ 유감이다　今度 다음에　紹介する 소개하다

山田: 私、昨日新しいテーマパークに行って来たよ。

なお: いいな。楽しかった。

山田: うん、人がとても多かったけど、とても楽しかったよ。

なお: へえ、うらやましいね。そこで何をした。

山田: 乗り物に乗ったり、ショーを見たりしたよ。
なおちゃんは、昨日何をした。

なお: 実は私、昨日友だちのバイトの仲間と合コンをしたよ。

山田: え、本当。いい男の人いた。

なお: ううん。みんな優しくていい人だったけど、
私のタイプじゃなかったよ。

山田: そうか。残念だったね。今度、私がいい人を紹介するね。

## 覚えよう

### 01　과거형

|  | 보통형 | 정중형 |
|---|---|---|
| **い형용사** | 어간 + かった<br>くなかった | 어간 + かったです<br>くなかったです<br>くありませんでした |
| **な형용사** | 어간 + だった<br>じゃなかった | 어간 + でした<br>じゃなかったです<br>じゃありませんでした |
| **명사** | 명사 + だった<br>じゃなかった | 명사 + でした<br>じゃなかったです<br>じゃありませんでした |

|  | 보통형 | 정중형 |
|---|---|---|
| **い형용사** | 優(やさ)しかった<br>優(やさ)しくなかった | 優(やさ)しかったです<br>優(やさ)しくなかったです<br>優(やさ)しくありませんでした |
| **な형용사** | 真面目(まじめ)だった<br>真面目(まじめ)じゃなかった | 真面目(まじめ)でした<br>真面目(まじめ)じゃなかったです<br>真面目(まじめ)じゃありませんでした |
| **명사** | お金持(かねも)ちだった<br>お金持(かねも)ちじゃなかった | お金持(かねも)ちでした<br>お金持(かねも)ちじゃなかったです<br>お金持(かねも)ちじゃありませんでした |

## 02　~けど

−지만/−다만

あのレストランは安（やす）くておいしいですけど、きれいじゃありません。

저 레스토랑은 싸고 맛있지만, 깨끗하지 않습니다.

富士山（ふじさん）は高（たか）くて大変（たいへん）でしたけど、景色（けしき）はとてもよかったです。

후지 산은 높고 힘들었지만, 경치는 아주 좋았습니다.

昨日（きのう）は早（はや）く寝（ね）ましたけど、寝坊（ねぼう）してしまいました。

어제는 일찍 잤습니다만, 늦잠 자고 말았습니다.

**TIP**　「~が」와 같은 의미로 사용되지만, [~が]보다 좀더 회화체로 회화에서 많이 사용한다.

## 03　~な。

상대를 의식하지 않고, 혼자서 놀라거나 감탄할 때, 또는 상대방의 이야기에 부러움과 희망을 나타낼 때 쓰는 표현으로 문장 끝에 붙여서 사용한다.

優（やさ）しい 상냥하다　　真面目（まじめ）だ 성실하다　　お金持（かねも）ち 부자　　富士山（ふじさん） 후지 산

大変（たいへん）だ 힘들다　　景色（けしき） 경치　　寝坊（ねぼう）する 늦잠 자다

**01** 다음 예와 같이 말해 보세요.

예 昨日（きのう） / 忙（いそが）しい

A 昨日（きのう）、忙（いそが）しかった。
B うん、忙（いそが）しかった。
　　ううん、忙（いそが）しくなかった。

A 昨日（きのう）は忙（いそが）しかったですか。
B はい、忙（いそが）しかったです。
　　いいえ、忙（いそが）しくなかったです。
　　いいえ、忙（いそが）しくありませんでした。

❶ 昨日（きのう）の料理（りょうり） / 辛（から）い

❷ 先生（せんせい） / 厳（きび）しい

❸ 子（こ）どもの時（とき） / かわいい

❹ 去年（きょねん）の夏（なつ） / 暑（あつ）い

❺ 昨日（きのう） / 天気（てんき）がいい

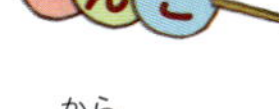

辛（から）い 맵다　　厳（きび）しい 엄하다　　時（とき） 때　　かわいい 귀엽다　　去年（きょねん） 작년　　夏（なつ） 여름

暑（あつ）い 덥다　　天気（てんき） 날씨

## 02 다음 예 와 같이 말해 보세요.

예 **先週 / 暇だ**

A 先週、暇だった。
B うん、暇だった。
　　ううん、暇じゃなかった。

A 先週は暇でしたか。
B はい、暇でした。
　　いいえ、暇じゃなかったです。
　　いいえ、暇じゃありませんでした。

❶ 景色 / きれいだ

❷ おとといのテスト / 簡単だ

❸ 昔 / 運動が嫌いだ

❹ 昨日 / 雨

❺ 土曜日 / 休み

| | | | | |
|---|---|---|---|---|
| 先週 지난주 | 暇だ 한가하다 | 景色 경치 | おととい그저께 | 簡単だ 간단하다 |
| 昔 옛날 | 運動 운동 | 嫌いだ 싫어하다 | 雨 비 | 休み 휴일 |

**03** 다음 예와 같이 말해 보세요.



예 **おいしい / 少し高い**

A この店はどうですか。

B おいしいですけど、少し高いです。

❶ **大変だ / おもしろい**

A 最近仕事はどうですか。

❷ **お金持ち / 性格は悪い**

A あの人はどうですか。

❸ **静かだ / 狭い**

A ホテルはどうでしたか。

❹ **勉強する / 難しい**

A テストはどうでしたか。

❺ **楽しい / 疲れる**

A 旅行はどうでしたか。

| | | | | |
|---|---|---|---|---|
| 少し 조금 | 店 가게 | 最近 최근 | 仕事 일 | お金持ち 부자 |
| 性格 성격 | 悪い 나쁘다 | 静かだ 조용하다 | 狭い 좁다 | 勉強する 공부하다 |
| 難しい 어렵다 | 楽しい 즐겁다 | 疲れる 피곤하다 | 旅行 여행 | |

Track 03

**01** 다음을 듣고 맞는 것에 O표를 하세요.

| | a | b | c |
|---|---|---|---|
| 예 | | O |  |
| ① |  |  |   |
| ② |  |  |  |
| ③ |  |  |  |
| ④ | 500円 | 20000円 | 20000円 |

# 22

## 中村さんが 結婚するそうです。

な까무라 씨가 결혼한다고 합니다.

### ポイント

1 전문 표현(そうだ) 익히기

2 友だちの話によると、
彼の趣味は旅行だそうです。

| | | | |
|---|---|---|---|
| 聞く 듣다 | 結婚する 결혼하다 | | |
| 本当 정말 | 全然 전혀 | 知る 알다 | |
| 相手 상대 | どんな 어떤 | きれいだ 예쁘다 | 優しい 상냥하다 |
| それに 게다가 | 国際結婚 국제결혼 | すごい 굉장하다 | |
| うわさ 소문 | ～によると ～에 의하면 | 同じ 같은 | 大学 대학 どこ 어디 |
| ～に住む ～에 살다 | それで 그래서 | 入る 들어가다 | うらやましい 부럽다 |

キム： 山田さん、聞きましたか。
　　　 中村さんが結婚するそうですよ。

山田： 本当ですか。全然知りませんでした。
　　　 相手はどんな人ですか。

キム： きれいで、優しい人だそうです。
　　　 それに、韓国人だそうですよ。

山田： え、国際結婚ですか。すごいですね。

キム： はい。うわさによると、彼女が日本で中村さんと
　　　 同じ大学だったそうですよ。

山田： そうですか。中村さんは結婚して、どこに住みますか。

キム： 韓国に住むそうです。
　　　 それで、中村さんは韓国の会社に入ったそうですよ。

山田： うらやましいですね。

# 覚えよう



## 01 ～そうだ

−라고 한다 (전문)

명　사 ： 休み（やす）
- だ
- じゃない
- だった
- じゃなかった

そうだ

な형용사 ： 便利（べんり）
- だ
- じゃない
- だった
- じゃなかった

そうだ

い형용사 ： おいし
- い
- くない
- かった
- くなかった

そうだ

동　사 ： 雨（あめ）が
- 降（ふ）る
- 降（ふ）らない
- 降（ふ）った
- 降（ふ）らなかった

そうだ

友（とも）だちの話（はなし）によると、彼（かれ）の趣味（しゅみ）は旅行（りょこう）だそうです。

친구의 말에 의하면, 그의 취미는 여행이라고 합니다.

山田（やまだ）さんによると、田中（たなか）さんは最近結婚（さいきんけっこん）して幸（しあわ）せだそうです。

야마다 씨에 의하면, 다나까 씨는 최근에 결혼해서 행복하다고 합니다.

新聞（しんぶん）によると、日本（にほん）は地震（じしん）が多（おお）いそうです。

신문에 의하면, 일본은 지진이 많다고 합니다.

ニュースによると、明日（あした）は台風（たいふう）が来（く）るそうです。

뉴스에 의하면, 내일은 태풍이 온다고 합니다.

Track 05

**01** 다음 예와 같이 말해 보세요.

예 **友だち / おもしろいです**
A あの映画はどうですか。
B 友だちによると、おもしろいそうです。
　友だちによると、おもしろくないそうです。

❶ **友だちの話 / 便利です**
A このパソコンはどうですか。

❷ **チェさん / 彼氏がいます**
A 中村さんは彼氏がいますか。

❸ **田中さん / 恋人です**
A あの二人は恋人ですか。

❹ **医者 / 体にいいです**
A この料理はどうですか。

| | | | | |
|---|---|---|---|---|
| 話 이야기 | ～によると ～에 의하면 | 趣味 취미 | 最近 최근 | 結婚する 결혼하다 |
| 幸せだ 행복하다 | 新聞 신문 | 地震 지진 | ニュース 뉴스 | 台風 태풍 |
| 映画 영화 | 彼氏 남자친구 | 恋人 애인 | 二人 두 사람 | 体 몸 |

## 02 다음 예 와 같이 말해 보세요.

예　うわさ / 有名（ゆうめい）だ

A あの歌手（かしゅ）は有名（ゆうめい）でしたか。

B うわさによると、有名（ゆうめい）だったそうです。

うわさによると、有名（ゆうめい）じゃなかったそうです。

❶ 先生（せんせい） / 休（やす）みだ

A 昨日（きのう）あの店（みせ）は休（やす）みでしたか。

❷ 天気予報（てんきよほう） / いい

A 昨日（きのう）の天気（てんき）はどうでしたか。

❸ 先輩（せんぱい） / 楽（らく）だ

A そのアルバイトはどうでしたか。

❹ 鈴木（すずき）さん / 来（く）る

A 昨日（きのう）の飲（の）み会（かい）に社長（しゃちょう）も来（き）ましたか。

歌手（かしゅ） 가수　　天気予報（てんきよほう） 일기예보　　先輩（せんぱい） 선배　　楽（らく）だ 편하다　　飲（の）み会（かい） 회식　　社長（しゃちょう） 사장

**01** 다음을 듣고 맞는 것에 O표를 하세요.

| | | | |
|---|---|---|---|
| 예 | ⓐ | ⓑ | O |
| ❶ | ⓐ | ⓑ | |
| ❷ | ⓐ | ⓑ | |
| ❸ | ⓐ | ⓑ | |

# 貿易会社だったら、アドバイスができると思います。

무역회사라면, 어드바이스를 할 수 있을 거라고 생각합니다.

## ポイント

1 日本は交通が便利だ<u>と思います</u>。

2 いい天気だっ<u>たら</u>、
　　　　　ドライブに行きませんか。

3 駅に着い<u>たら</u>、電話してください。

卒業する 졸업하다　　まだ 아직

わかる 알다　　働く 일하다　　できたら 가능하면

貿易会社 무역회사　　大丈夫だ 괜찮다　　知る 알다　　いろいろ 여러 가지

アドバイス 어드바이스　　できる 할 수 있다　　じゃあ 그러면　　どんな 어떤

準備 준비　　まず 우선/먼저　　一生懸命 열심히　　頑張る 열심히 하다/힘내다

キム： 山田さんは、卒業したら何をしますか。

山田： まだよくわかりませんが、韓国の会社で働きたいです。

キム： そうですか。どんな仕事がしたいですか。

山田： できたら貿易会社に入りたいですが、
私には難しいと思います。

キム： 大丈夫ですよ。貿易会社だったら、私もよく知って
いますから、いろいろアドバイスができますよ。

山田： ありがとうございます。
じゃあ、今はどんな準備をしたらいいですか。

キム： まずは、韓国語と英語を勉強したらいいと思います。

山田： わかりました。卒業まで一生懸命頑張ります。

# 覚えよう

**01  보통형 + と思う**　　　　　　　　　　　　　　　　　　−라고 생각하다

**명　사 :** 風邪（かぜ）
だ
じゃない
だった
じゃなかった　と思う

**な형용사 :** 暇（ひま）
だ
じゃない
だった
じゃなかった　と思う

**い형용사 :** 難（むずか）し
い
くない
かった
くなかった　と思う

**동　사 :** 人気（にんき）が
ある
ない
あった
なかった　と思う

田中（たなか）さんは真面目（まじめ）な人（ひと）だと思（おも）います。　다나까 씨는 성실한 사람이라고 생각합니다.

日本（にほん）は交通（こうつう）が便利（べんり）だと思（おも）います。　일본은 교통이 편리하다고 생각합니다.

韓国（かんこく）の会社（かいしゃ）は夏休（なつやす）みが短（みじか）いと思（おも）います。　한국 회사는 여름휴가가 짧다고 생각합니다.

山田（やまだ）さんはこのニュースを知（し）っていると思（おも）います。
야마다 씨는 이 뉴스를 알고 있을 거라고 생각합니다.

## 02 　〜たら

−하면/−했더니

**23**

> 명　　사 : 명사 + **だった**
> な형용사 : 어간 + **だった**
> い형용사 : 어간 + **かった**　　**+　ら**
> 동　　사 : **た**형

明日いい天気**だったら**、ドライブに行きませんか。
내일 좋은 날씨라면, 드라이브하러 가지 않겠습니까?

土曜日が無理**だったら**、日曜日でもいいです。
토요일이 무리라면, 일요일이라도 좋습니다.

頭が痛**かったら**、薬を飲んでください。　　머리가 아프다면, 약을 드세요.

雨が降っ**たら**、試合は中止です。　　비가 오면, 시합은 중지입니다.

田中さんが来**たら**、出発しましょう。　　다나까 씨가 오면, 출발합시다.

駅に着い**たら**、電話してください。　　역에 도착하면, 전화하세요.

食事をしに店に行っ**たら**、休みでした。
식사를 하러 가게에 갔더니, 휴일이었습니다.

| | | | | |
|---|---|---|---|---|
| 風邪 감기 | 暇だ 한가하다 | 人気 인기 | 交通 교통 | 便利だ 편리하다 |
| 夏休み 여름방학/여름휴가 | 短い 짧다 | ドライブ 드라이브 | 無理 무리 | 頭 머리 |
| 痛い 아프다 | 薬を飲む 약을 먹다 | 試合 시합 | 中止 중지 | 出発する 출발하다 |
| 駅 역 | 着く 도착하다 | 食事 식사 | 休み 휴일 | |

# 話してみよう

## 01 다음 예 와 같이 말해 보세요.

예 A 中国語は簡単ですか。

B はい、簡単だと思います。

いいえ、簡単じゃないと思います。

❶ A 日本のドラマはおもしろいですか。

B

❷ A キムさんも旅行に行きますか。

B

❸ A あの二人は兄弟ですか。

B

❹ A テストは難しかったですか。

B

❺ A 昔、韓国人はさしみを食べましたか。

B

| | | | |
|---|---|---|---|
| 中国語 중국어 | 簡単だ 간단하다 | ドラマ 드라마 | 旅行に行く 여행을 가다 |
| 二人 두 사람 | 兄弟 형제 | 昔 옛날 | さしみ 회 |

🔴 Track 08

**02** 다음 예 와 같이 말해 보세요.

23

예 **週末暇だ / 友だちと遊ぶ**
しゅうまつひま　　とも　　あそ

A 週末暇だったら、どうしますか。
B 週末暇だったら、友だちと遊びます。

**❶** **日本人の友だちができる / ソウルを案内する**
にほんじん　とも　　　　　　　　　　あんない

**❷** **授業が難しい / 先生に聞く**
じゅぎょう　むずか　　せんせい　き

**❸** **明日雨だ / うちでごろごろしながら、好きなドラマを見る**
あした あめ　　　　　　　　　　　　　　　　　す　　　　　　　み

**❹** **交通が不便だ / 引っ越しはあきらめる**
こうつう　ふ べん　　ひ　こ

**❺** **宝くじに当たる / 車を買う**
たから　　あ　　　　くるま　か

| | | | | |
|---|---|---|---|---|
| 週末 주말 | 暇だ 한가하다 | できる 생기다 | 案内する 안내하다 | 授業 수업 |
| ごろごろする 빈둥빈둥거리다 | 交通 교통 | 不便だ 불편하다 | 引っ越し 이사 | |
| あきらめる 단념하다 | 宝くじ 복권 | 〜に当たる 〜에 당첨되다 | | |

**01** 다음을 듣고 예처럼 맞는 그림을 찾아 번호를 써 넣으세요.

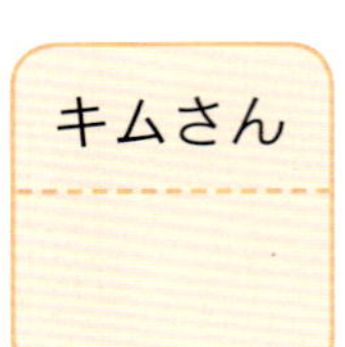



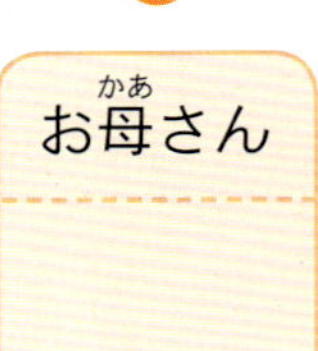

Track 10

23

最近、プロ野球がとても人気だそうだ。

野球のファンは男の人が多いと思ったけど、最近は若い女の人にも

人気があるそうで、私は少し驚きながらも嬉しかった。

高校生の時、私は野球部だった。私の高校は野球が強くて、有名だった。

私たちはみんなで全国大会に行きたいと思って、毎日毎日遅くまで練習した。

高校三年生の夏、私たちは6つの試合に勝った。そして全国大会に行く前の

最後の試合を本気で頑張ったけど、負けてしまった。みんなと全国大会に

行くことはできなかった。本当に悔しかった。あの日のことは今でも

忘れることができない。

もし、もう一度あの頃に戻ることができたら、私はまたあの仲間たちと野球が

したい。そして今度は必ずみんなで全国大会に行きたいと心から思う。

---

★ 위의 내용과 맞으면 O표, 틀리면 X표를 하세요.

❶ 最近、野球が好きな女の人が多い。（　　）

❷ この人は高校生の時、全国大会に行った。（　　）

❸ この人は今も高校の時の仲間たちと野球をしている。（　　）

| | | | | | |
|---|---|---|---|---|---|
| プロ野球 프로야구 | 人気 인기 | ファン 팬 | 男の人 남자 | 若い 젊다 | 女の人 여자 |
| 驚く 놀라다 | 嬉しい 기쁘다 | 高校生 고등학생 | 野球部 야구부 | 全国大会 전국대회 | |
| 練習する 연습하다 | 三年生 3학년 | 試合 시합 | ～に勝つ ～에 이기다 | そして 그리고 | |
| 最後 최후/마지막 | 本気で 진짜로 | 負ける 지다 | 悔しい 분하다 | もし 만약 | |
| もう一度 한번 더 | 頃 경 | 戻る 되돌아오다 | 仲間 동료 | 必ず 반드시 | 心 마음 |

# 24

## 3時間しか寝る時間が ありませんでした。

3시간밖에 잘 시간이 없었습니다.

### ポイント

**1** 田中さんがよく聞く音楽は
どんな音楽ですか。

**2** 約束した友だちが来ない時は
どうしますか。

**3** 今日は朝ごはんしか
食べませんでした。

元気 기운

～しか ～밖에　どうして 왜/어째서

スピーチ大会 스피치대회　あと 앞으로　2日 2일

いろいろな国 여러 나라　留学生 유학생　集まる 모이다

参加する 참가하다　それで 그래서　遅く 늦게

練習する 연습하다　内容 내용　文化 문화

違い 다른점/차이　紹介する 소개하다　頑張る 힘내다/열심히 하다

キム： 山田さん、今日は元気がありませんね。

山田： 昨日3時間しか寝ることができませんでした。

キム： どうしてですか。

山田： スピーチ大会まで、あと2日しかありませんから。

キム： どんなスピーチ大会ですか。

山田： いろいろな国から来た留学生が集まって、
韓国語でスピーチをする大会です。

キム： 山田さんも参加しますか。

山田： はい、それで昨日も夜遅くまで練習しました。

キム： どんな内容ですか。

山田： 韓国と日本の文化の違いを紹介する内容です。

キム： そうですか。頑張ってください。

# 覚えよう

## 01  명사 수식

|  |  |  |  |
|---|---|---|---|
| 명 사 ： | 休み | の<br>じゃない<br>だった<br>じゃなかった | 日 |
| な형용사 ： | 楽 | な<br>じゃない<br>だった<br>じゃなかった | 仕事 |
| い형용사 ： | 高 | い<br>くない<br>かった<br>くなかった | 服 |
| 동 사 ： | 食べ<br>食べ<br>食べ<br>食べ<br>食べ | る<br>ない<br>た<br>なかった<br>ている | 人 |

田中さんがよく聞く音楽はどんな音楽ですか。

다나까 씨가 자주 듣는 음악은 어떤 음악입니까?

あそこでピアノを弾いている人は山田さんです。

저기에서 피아노를 치고 있는 사람은 야마다 씨입니다.

約束した友だちが来ない時はどうしますか。　약속한 친구가 오지 않을 때는 어떻게 합니까?

これは高校の時、撮った写真です。　　　　이것은 고등학교 때 찍은 사진입니다.

昨日レポートを出さなかった人は誰ですか。　어제 리포트를 내지 않은 사람은 누구입니까?

## 02 명사 + しか ～ない
-밖에 -아니다

24

財布に1000円しかありません。　　　　　　지갑에 1000엔밖에 없습니다.

今日は朝ごはんしか食べませんでした。　　오늘은 아침밥밖에 먹지 않았습니다.

昨日は3時間しか寝ることができませんでした。

어제는 3시간밖에 잘 수 없었습니다.

---

| | | | | |
|---|---|---|---|---|
| 日 날 | 楽だ 편하다 | 服 옷 | 聞く 듣다 | 音楽 음악 |
| あそこ 저기 | ピアノ 피아노 | 弾く 치다/연주하다 | 約束する 약속하다 | 高校 고등학교 |
| 時 때 | 撮る 찍다 | 写真 사진 | 出す 내다/제출하다 | |

## 01 다음 예와 같이 말해 보세요.

예 明日会います / 人 / 高校の時の先生

A 明日会う人は誰ですか。

B 明日会う人は高校の時の先生です。

**1** 
週末、友だちと行きます / 店 / 日本のラーメン屋

**2** 
最近よく着ます / 服 / ワンピース

**3** 
今、住んでいます / ところ / 東京

**4** 
今、流行っています / 色 / 白

**5** 
授業を休みません / 人 / 真面目なチェさん

## 02 다음 예와 같이 말해 보세요.

예　さっき、買いました / もの / 日本語の辞書

A　さっき、買ったものは何ですか。
B　さっき、買ったものは日本語の辞書です。

❶　先週、一緒にお酒を飲みました / 人 / 大学の先輩

❷　昨日、友だちに借りました / もの / 傘

❸　子どもの時、よく遊びました / ところ / 公園

❹　土曜日の飲み会に来ませんでした / 人 / 山田さん

| | | | | | |
|---|---|---|---|---|---|
| 明日 내일 | 高校 고등학교 | 時 때 | 週末 주말 | ラーメン屋 라면집 | 最近 최근/요즘 |
| 着る 입다 | 服 옷 | ワンピース 원피스 | | 住む 살다 | ところ 곳/장소 |
| 東京 동경 | 流行る 유행하다 | 色 색 | 白 하양/백색 | 授業 수업 | さっき 조금 전/아까 |
| もの 것/물건 | 辞書 사전 | 先週 지난주 | 一緒に 함께/같이 | 大学 대학 | 先輩 선배 |
| 借りる 빌리다 | 傘 우산 | 公園 공원 | 飲み会 회식 | | |

**03** 다음 예와 같이 말해 보세요.

예　小説をよく読む / まんが

A　小説をよく読みますか。

B　いいえ、まんがしか読みません。

❶　英語ができる / 日本語

❷　銀行に人がたくさんいる / 4人

❸　漢字を書くことができる / ひらがな

❹　毎日運動をする / 週に1回

小説 소설　　　まんが 만화　　　できる 할 수 있다　　　いる 있다　　　4人 네 사람

週 주　　　〜に 〜에　　　〜回 〜회

Track 13

**01** 다음을 듣고 맞는 것에 O표를 하세요.

| | a | b | c |
|---|---|---|---|
| 예 |  | O | |

**①**



**②**

**③**

# ビビンパが食べ(た)たければ、
# 今度(こんど)の旅行(りょこう)は全州(チョンジュ)にしましょう。

비빔밥이 먹고 싶다면, 이번 여행은 전주로 합시다.

## ポイント

1. 가정형(ば형) 익히기
2. 天気(てんき)がよければ、
   ドライブに行(い)きたいです。
3. 暇(ひま)なら、手伝(てつだ)ってください。
4. 飲(の)み会(かい)はいつにしますか。

| | | |
|---|---|---|
| 今度(こんど) 이번 | 連休(れんきゅう) 연휴 | |
| どこか 어딘가 | ところ 곳/장소 | 知(し)る 알다 |
| まず 우선/먼저 | ビビンパ 비빔밥 | 全州(チョンジュ) 전주 |
| 有名(ゆうめい)だ 유명하다 | たくさん 많이 | ある 있다 |
| それなら 그렇다면 | ～にする ～로 하다 | どうやって 어떻게　車(くるま) 차 |

山田: キムさん、今度の連休においしい韓国料理を食べに
　　　行きたいですが、どこかいいところを知っていますか。

キム: そうですね。どんな料理が食べたいですか。

山田: まずは、おいしいビビンパが食べたいです。

キム: ビビンパなら、全州が有名で、いいですよ。
　　　全州はおいしい韓国料理がたくさんあります。

山田: それなら、今度の旅行は全州にします。
　　　ソウルからどうやって行きますか。

キム: 車があれば便利ですが、なければバスで行くことも
　　　できますよ。

山田: じゃあ、バスにします。

# 覚えよう

## 01 　～ば / なら


|  |  | 기본형 | ば형 |
|---|---|---|---|
| 동사 | え단 + ば | 習（なら）う | 習（なら）えば |
|  |  | 急（いそ）ぐ | 急（いそ）げば |
|  |  | やせる | やせれば |
|  |  | 来（く）る | 来（く）れば |
|  |  | する | すれば |
| い형용사 | 어간 + ければ | ほしい | ほしければ |
|  |  | いい・よい | よければ |
| な형용사 | 어간 + なら(ば) | 簡単（かんたん）だ | 簡単（かんたん）なら(ば) |
|  |  | 暇（ひま）だ | 暇（ひま）なら(ば) |
| 명사 | 명사 + なら(ば) | 週末（しゅうまつ） | 週末（しゅうまつ）なら(ば) |
|  |  | 風邪（かぜ） | 風邪（かぜ）なら(ば) |

**TIP** な형용사와 명사에서는 [～ば]는 생략하는 경우가 많다.

明日（あした）ここに来（く）れば、先生（せんせい）に会（あ）うことができますよ。

　　　　　　　내일 여기에 오면, 선생님을 만날 수 있습니다.

天気（てんき）がよければ、ドライブに行（い）きたいです。

　　　　　　　날씨가 좋으면, 드라이브하러 가고 싶습니다.

暇（ひま）なら、手伝（てつだ）ってください。　　　　　　한가하면, 도와주세요.

平日（へいじつ）なら、デパートに人（ひと）が少（すく）ないですよ。　　평일이라면, 백화점에 사람이 적습니다.

## 02　명사 + にする

—로 하다

飲み会はいつ**にしますか**。　　　　　　　　　회식은 언제로 할까요?

今度の社員旅行はチェジュド**にしました**。　이번 사원여행은 제주도로 했습니다.

甘い物が好きだから、デザートはケーキ**にしましょう**。

단 것을 좋아하기 때문에, 디저트는 케이크로 합시다.

| | | | |
|---|---|---|---|
| 習う 배우다 | 急ぐ 서두르다 | やせる 마르다/살빼다 | 〜がほしい 〜을/를 갖고 싶다(원하다) |
| 週末 주말 | 風邪 감기 | 手伝う 돕다/거들다 | 平日 평일 | 人 사람 |
| 少ない 적다 | 飲み会 회식 | 今度 이번 | 社員旅行 사원여행/회사 단체 여행 |
| 甘い物 단 것 | デザート 디저트 | | |

## 01 다음 예와 같이 말해 보세요.

예 土曜日、海で泳ぐ / 風邪が治る

A 土曜日、海で泳ぎませんか。
B そうですね。風邪が治れば、泳ぎます。

❶ お見合いをする / 時間がある

❷ 夏休みに旅行に行く / 来月試験に合格する

❸ 週末、山に登る / 天気がいい

❹ 映画を見る / ホラー映画じゃない

| | | |
|---|---|---|
| 海 바다 | 風邪 감기 | 治る 낫다/치료되다 |
| お見合い 맞선 | 時間 시간 | |
| 夏休み 여름휴가 | 来月 다음 달 | 試験 시험 |
| 合格する 합격하다 | 山 산 | |
| ～に登る ～에 오르다 | ホラー映画 공포영화 | |

Track 15

**02** 다음 <예>와 같이 말해 보세요.

예 **買い物に行く / セールだ**

A 買い物に行きませんか。

B そうですね。セールなら、行きます。

❶ **合コンをする / 相手がお金持ちだ**

❷ **ごはんを食べに行く / おいしい店だ**

❸ **ダンスを習う / 簡単だ**

❹ **スキーに行く / スキー場が安全だ**

| | | | | |
|---|---|---|---|---|
| 買い物 쇼핑 | セール 세일 | 合コン 미팅 | 相手 상대 | お金持ち 부자 |
| ダンス 댄스 | 習う 배우다 | スキー場 스키장 | 安全だ 안전하다 | |

**03** 다음 예와 같이 말해 보세요.

예　パーティー / どこ / 駅前のレストラン

A　パーティーはどこにしますか。
B　駅前のレストランにしましょう。

❶　約束 / いつ / 今週の日曜日

❷　会議 / 何時 / 1時

❸　勉強会のリーダー / 誰 / 田中さん

❹　旅行のお土産 / 何 / 紅茶

---

パーティー 파티　　どこ 어디　　駅前 역앞　　約束 약속　　いつ 언제　　今週 이번 주
会議 회의　　勉強会 스터디　　リーダー 리더　　お土産 선물　　紅茶 홍차

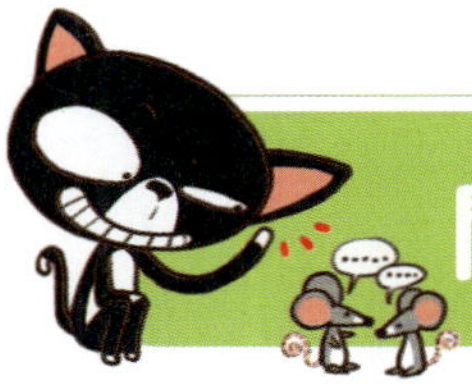

Track 16

**01** 다음을 듣고 맞는 것에 O표를 하세요.

| | | |
|---|---|---|
| 예 | O | X |
| | | O |
| ❶ | O | X |
| ❷ | O | X |
| ❸ | O | X |
| ❹ | O | X |

# 26

# このセーターは軽<ruby>軽<rt>かる</rt></ruby>くて よさそうですね。

이 스웨터는 가볍고 좋은 것 같네요.

## ポイント

1. 양태 표현(そうだ) 익히기
2. 今<ruby><rt>いま</rt></ruby>にも雨<ruby><rt>あめ</rt></ruby>が降<ruby><rt>ふ</rt></ruby>りそうです。
3. おいしそうなケーキです。
4. 暇<ruby><rt>ひま</rt></ruby>そうにテレビを見<ruby><rt>み</rt></ruby>ています。

| | | |
|---|---|---|
| セーター 스웨터 | 暖<ruby><rt>あたた</rt></ruby>かい 따뜻하다 | |
| 少<ruby><rt>すこ</rt></ruby>し 조금 | 見<ruby><rt>み</rt></ruby>える 보이다 | 色<ruby><rt>いろ</rt></ruby> 색 |
| それに 게다가 | 軽<ruby><rt>かる</rt></ruby>い 가볍다 | プレゼント 선물 |
| 地下<ruby><rt>ちか</rt></ruby> 지하 | パン屋<ruby><rt>や</rt></ruby> 빵집 | それなら 그렇다면 |
| そこで 거기에서/그곳에서 | ～に遅<ruby><rt>おく</rt></ruby>れる ～에 늦다 | |

山田： このセーター、暖かそうですね。

キム： そうですね。でも少し高そうに見えますよ。

山田： じゃあ、これはどうですか。
パクさんが好きそうな色です。

キム： ええ、それに軽くてよさそうですね。
プレゼントはこれにしましょうか。

山田： そうしましょう。ケーキはどうしましょうか。

キム： 地下のパン屋でおいしそうなケーキを見ました。

山田： それなら、そこで買いましょう。

キム： パーティーの時間に遅れそうですから、
急いで買いに行きましょう。

# 覚えよう



동　　사：ます형
い형용사：어간 (い)
な형용사：어간 (だ)
 ＋　そうだ

예외　いい・よい　➡　よさそうだ
　　　　ない　　　➡　なさそうだ

今にも雨が降りそうです。　　　　　　　　금방이라도 비가 올 것 같습니다.

この店のケーキはおいしそうです。　　　이 가게의 케이크는 맛있을 것 같습니다.

田中さんは暇そうです。　　　　　　　　다나까 씨는 한가한 것 같습니다.

佐藤さんは頭がよさそうです。　　　　　사또 씨는 머리가 좋을 것 같습니다.

先生は時間がなさそうです。　　　　　　선생님은 시간이 없는 것 같습니다.

TIP　[そうだ]는 [な형용사]처럼 변한다.



雨が降りそうな天気です。　　　　　　　비가 올 것 같은 날씨입니다.

おいしそうなケーキです。　　　　　　　맛있을 것 같은 케이크입니다.

暇そうな人です。　　　　　　　　　　　한가해 보이는 사람입니다.

## 03 ~そうに + 동사

-인 것 같이

おいしそうに食べています。

맛있는 것 같이 먹고 있습니다.

暇そうにテレビを見ています。

한가한 듯이 텔레비전을 보고 있습니다.

時間がなさそうに、さっきから時計を見ています。

시간이 없는 것 같이 아까부터 시계를 보고 있습니다.

26

今にも 금방이라도　　雨 비　　降る 내리다　　頭 머리　　さっき 조금 전

**01** 다음 예와 같이 말해 보세요.

❶ 彼は忙しい / 残業が多くて、大変だ

❷ 田中さんは真面目だ / 頭もいい

❸ あの椅子は楽だ / あまり高くない

❹ あの人は具合が悪い / 今にも倒れる

❺ この黒いかばんは丈夫じゃない / 重くて、使いにくい

| | | | | |
|---|---|---|---|---|
| 風 바람 | 強い 강하다 | 今にも 금방이라도 | 雪 눈 | 彼 그 | 残業 잔업/야근 |
| 大変だ 힘들다 | 頭 머리 | 椅子 의자 | 楽だ 편하다 | 具合が悪い 몸 상태가 나쁘다 |
| 倒れる 쓰러지다 | 黒い 검다 | 丈夫だ 튼튼하다 | 重い 무겁다 | 使う 사용하다 |

## 02 다음 예와 같이 말해 보세요.

예 中村さん / 人 / 厳しい

A 中村さんはどんな人ですか。
B 厳しそうな人です。

26

**1**  それ / 車 / 丈夫だ

**2**  あの二人 / 夫婦 / 幸せだ

**3**  これ / 映画 / つまらない

**4**  今日 / 天気 / 雨が降る

**5**  あれ / 音楽 / イさんがよく聞く

---

| | |
|---|---|
| 厳しい 엄하다 | 夫婦 부부 |
| 音楽 음악 | 聞く 듣다 |

幸せだ 행복하다    つまらない 시시하다/재미없다

**03** 다음 예와 같이 말해 보세요.

예 あの二人（ふたり） / 嬉（うれ）しい / 話（はな）す
A あの二人（ふたり）は何（なに）をしていますか。
B 嬉（うれ）しそうに話（はな）しています。

❶ キムさん / 眠（ねむ）い / 仕事（しごと）をする

❷ 彼女（かのじょ） / 寂（さび）しい / ずっと泣（な）く

❸ 田中（たなか）さん / 暇（ひま）だ / テレビを見（み）る

❹ 鈴木（すずき）さん / 幸（しあわ）せだ / 恋人（こいびと）からの手紙（てがみ）を読（よ）む

| | | | | |
|---|---|---|---|---|
| 嬉（うれ）しい 기쁘다 | 眠（ねむ）い 졸리다 | 仕事（しごと） 일 | 寂（さび）しい 외롭다 | ずっと 계속/쭉 |
| 泣（な）く 울다 | 幸（しあわ）せだ 행복하다 | 手紙（てがみ） 편지 | | |

# 聞いてみよう

Track 19

**01** 다음을 듣고 맞는 것에 O표를 하세요.

| | a | b | c |
|---|---|---|---|
| 예 |  |  O |  |
| ① | | | |
| ② | | | |
| ③ | | | |
| ④ | | | |

# 日本に帰ってゆっくり休もうと思っています。

일본에 돌아가서 푹 쉬려고 생각하고 있습니다.

## ポイント

1. 의지형(う/よう형) 익히기
2. 来年日本に留学しようと思います。
3. 今週末にさくらを見に行くつもりです。
4. 赤ちゃんは9月に生まれる予定です。

| | | |
|---|---|---|
| 今年 올해 | お正月 설날 | |
| 国 나라(일본) | 予定 예정 | いつ 언제 |
| 戻る 되돌아오다 | ゆっくり休む 푹 쉬다 | やっぱり 역시 |
| 大みそか 한 해의 마지막 날(12월 31일) | | そば 메밀국수 |
| おせち料理 설날에 먹는 전통 음식 | | うらやましい 부럽다 |

キム： 山田さん、今年のお正月は何をしますか。

山田： 今年は国に帰る予定です。

キム： いいですね。いつ帰る予定ですか。

山田： 12月29日に帰って、1月4日に戻る予定です。

キム： そうですか。国に帰って、何をするつもりですか。

山田： お正月ですから、おいしいものを食べながら、
　　　 ゆっくり休もうと思っています。

キム： 何を食べるつもりですか。

山田： やっぱり大みそかにはそばを食べて、
　　　 お正月にはおせち料理を食べるつもりです。

キム： おいしそうですね。うらやましいです。

## 01 　～う/よう(의지형)　　　　　　　　　　－해야지(의지)/－하자(권유)

|  |  | 기본형 | 의지형 |
|---|---|---|---|
| 1그룹동사 | お단 + う | 習<sup>なら</sup>う | 習<sup>なら</sup>おう |
|  |  | 働<sup>はたら</sup>く | 働<sup>はたら</sup>こう |
|  |  | 急<sup>いそ</sup>ぐ | 急<sup>いそ</sup>ごう |
|  |  | 引っ越<sup>ひ こ</sup>す | 引っ越<sup>ひ こ</sup>そう |
|  |  | 待<sup>ま</sup>つ | 待<sup>ま</sup>とう |
|  |  | 死<sup>し</sup>ぬ | 死<sup>し</sup>のう |
|  |  | 遊<sup>あそ</sup>ぶ | 遊<sup>あそ</sup>ぼう |
|  |  | 頼<sup>たの</sup>む | 頼<sup>たの</sup>もう |
|  |  | 送<sup>おく</sup>る | 送<sup>おく</sup>ろう |
| 2그룹동사 | る + よう | 借<sup>か</sup>りる | 借<sup>か</sup>りよう |
|  |  | 始<sup>はじ</sup>める | 始<sup>はじ</sup>めよう |
| 3그룹동사 |  | 来<sup>く</sup>る | 来<sup>こ</sup>よう |
|  |  | する | しよう |

## 02 의지형 + と思う   −하려고 생각하다

今週末にさくらを見に行こうと思います。　이번 주말에 벚꽃을 보러 가려고 생각합니다.

7月に日本語の試験を受けようと思います。　7월에 일본어 시험을 치려고 생각합니다.

来年日本に留学しようと思います。　내년에 일본에 유학가려고 생각합니다.

**27**

## 03 기본형 + つもりだ   −할 생각이다

今週末にさくらを見に行くつもりです。　이번 주말에 벚꽃을 보러 갈 생각입니다.

7月に日本語の試験を受けるつもりです。　7월에 일본어 시험을 칠 생각입니다.

来年日本に留学するつもりです。　내년에 일본에 유학 갈 생각입니다.

## 04 기본형 + 予定だ   −할 예정이다

来年卒業する予定です。　내년에 졸업할 예정입니다.

飛行機は4時に着く予定です。　비행기는 4시에 도착할 예정입니다.

赤ちゃんは9月に生まれる予定です。　아기는 9월에 태어날 예정입니다.

---

| | | | | |
|---|---|---|---|---|
| 働く 일하다 | 引っ越す 이사하다 | 頼む 부탁하다 | 送る 보내다 | 借りる 빌리다 |
| 始める 시작하다 | 今週末 이번 주말 | さくら 벚꽃 | 試験を受ける 시험을 치다 | |
| 来年 내년 | 留学する 유학하다 | 卒業する 졸업하다 | 飛行機 비행기 | 着く 도착하다 |
| 赤ちゃん 갓난아기 | 生まれる 태어나다 | | | |

## 01 다음 예와 같이 말해 보세요.

예 晩ごはん / 食べる / ７時に食べる

A 晩ごはんは、もう食べましたか。
B いいえ、まだです。７時に食べようと思います。

❶ レポート / 書く / 夜、書く

❷ メール / 送る / 休み時間に送る

❸ 単語 / 覚える / あとで覚える

❹ 旅行のホテル / 予約する / 週末、予約する

❺ 宿題 / 出す / 授業が終わったあとで出す

| | | | | |
|---|---|---|---|---|
| 晩ごはん 저녁밥 | 夜 밤 | メール 메일 | 送る 보내다 | 休み時間 쉬는 시간 |
| 単語 단어 | 覚える 외우다 | あとで 나중에 | 予約する 예약하다 | 宿題 숙제 |
| 出す 내다/제출하다 | 授業 수업 | 終わる 끝나다 | | |

Track 21

**02** 다음 예와 같이 말해 보세요.

예 山<ruby>やま</ruby>に登<ruby>のぼ</ruby>ります
A 週末<ruby>しゅうまつ</ruby>は何<ruby>なに</ruby>をしますか。
B 山<ruby>やま</ruby>に登<ruby>のぼ</ruby>るつもりです。

**27**

❶ 好<ruby>す</ruby>きなテレビ番組<ruby>ばんぐみ</ruby>を見<ruby>み</ruby>ます
A 今夜<ruby>こんや</ruby>は何<ruby>なに</ruby>をしますか。
B

❷ 父<ruby>ちち</ruby>の仕事<ruby>しごと</ruby>を手伝<ruby>てつだ</ruby>います
A 会社<ruby>かいしゃ</ruby>を辞<ruby>や</ruby>めて、何<ruby>なに</ruby>をしますか。
B

❸ みんなでごはんを食<ruby>た</ruby>べます
A 授業<ruby>じゅぎょう</ruby>が終<ruby>お</ruby>わったあとで、何<ruby>なに</ruby>をしますか。
B

❹ 大学院<ruby>だいがくいん</ruby>に進<ruby>すす</ruby>みます
A 大学<ruby>だいがく</ruby>を卒業<ruby>そつぎょう</ruby>したら、何<ruby>なに</ruby>をしますか。
B

| | | | |
|---|---|---|---|
| ~に登<ruby>のぼ</ruby>る ~에 오르다 | テレビ番組<ruby>ばんぐみ</ruby> 방송 프로그램 | 今夜<ruby>こんや</ruby> 오늘 밤 | 父<ruby>ちち</ruby> 아버지 |
| 手伝<ruby>てつだ</ruby>う 돕다/거들다 | 辞<ruby>や</ruby>める 그만두다 | みんなで 모두 함께 | 大学院<ruby>だいがくいん</ruby> 대학원 |
| 進<ruby>すす</ruby>む 진학하다 | 大学<ruby>だいがく</ruby> 대학 | 卒業<ruby>そつぎょう</ruby>する 졸업하다 | |

**27** 日本<ruby>にほん</ruby>に帰<ruby>かえ</ruby>ってゆっくり休<ruby>やす</ruby>もうと思<ruby>おも</ruby>っています **061**

**03** 다음 예정표를 보고 例와 같이 말해 보세요.

4月8日　スケジュール

| | | | | |
|---|---|---|---|---|
| 朝8時 | ソウル駅から出発します | | 1時半 | 船に乗ります<br>つりをします |
| 10時 | 海に着きます | | 6時 | 船を降ります |
| | 海で泳ぎます | | | 晩ごはんを食べます |
| 12時 | さしみを食べます | | 9時半 | ソウル駅に着きます |

例　A 旅行はいつ行きますか。
　　B 4月8日に行く予定です。

❶ A 何時に出発しますか。

　 B

❷ A 何時に海に着きますか。

　 B

❸ A 昼ごはんは何を食べますか。

　 B

❹ A 船に乗って何をしますか。

　 B

| | | |
|---|---|---|
| スケジュール 스케줄 | 駅 역 | 出発する 출발하다 |

海 바다　　着く 도착하다

さしみ 회　　船 배/선박　　つり 낚시　　降りる 내리다　　晩ごはん 저녁밥　　昼ごはん 점심밥

Track 22

**01** 다음을 듣고 그림에서 해당하는 번호를 고르세요.

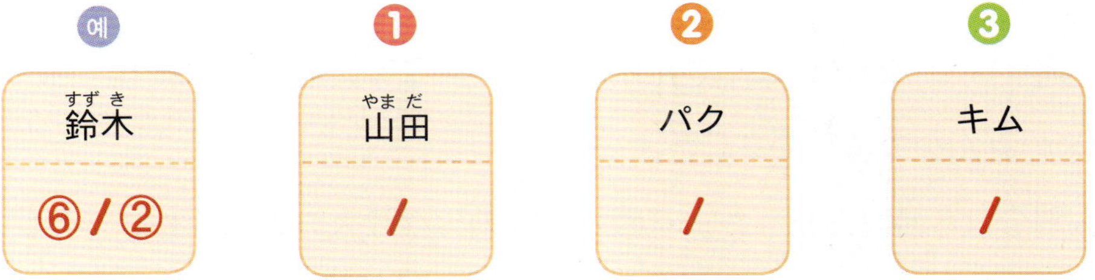



27

| ❶ | ❷ | ❸ | ❹ |
| ❺ | ❻ | ❼ | ❽ |
| ❾ | ❿ | ⓫ | ⓬ |

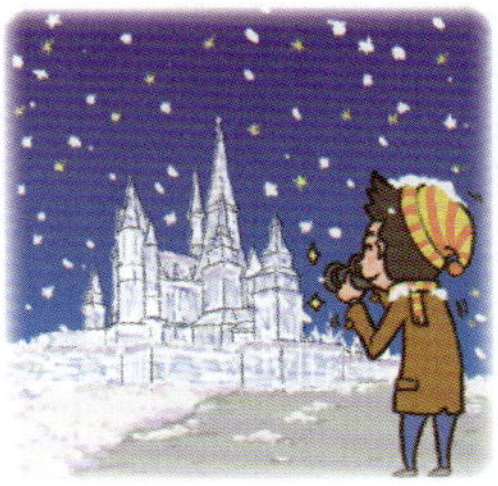

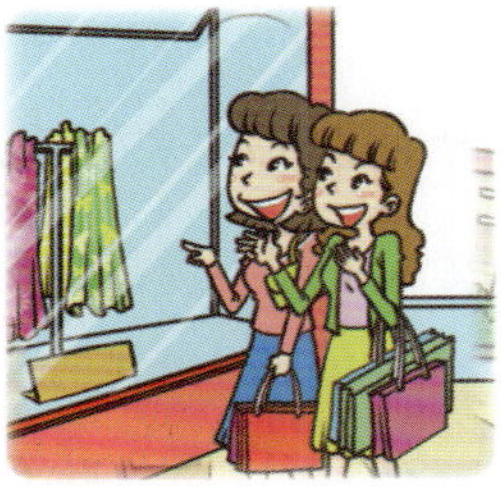

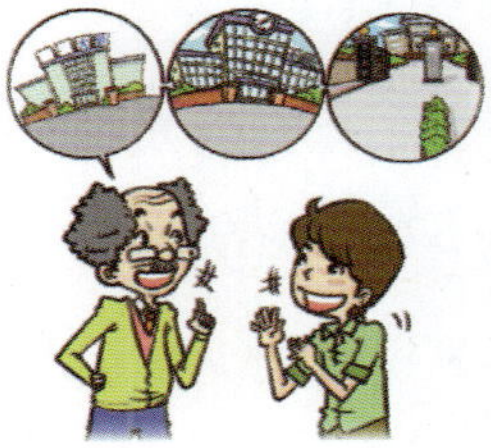

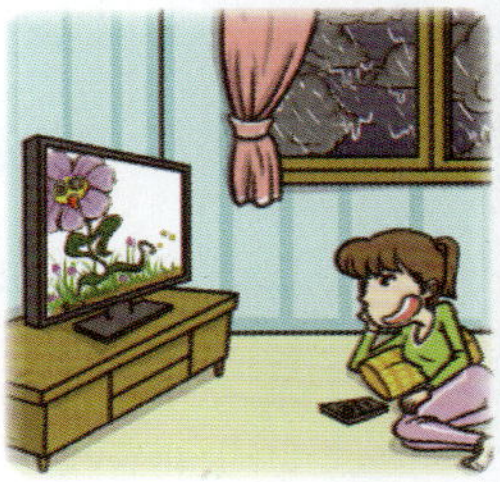

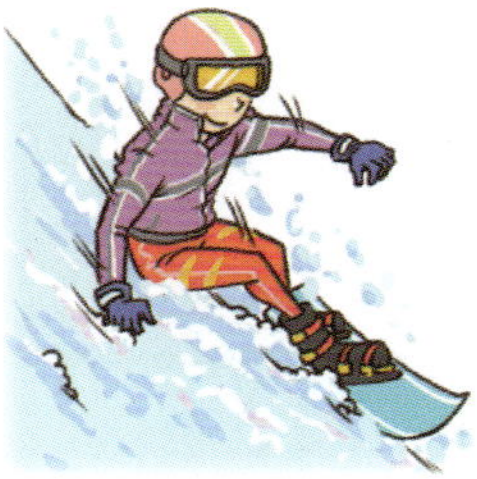

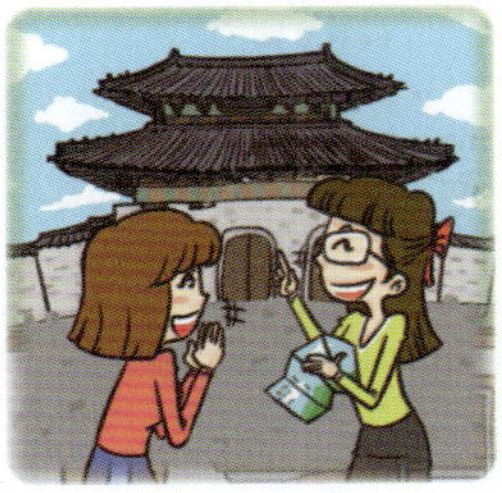

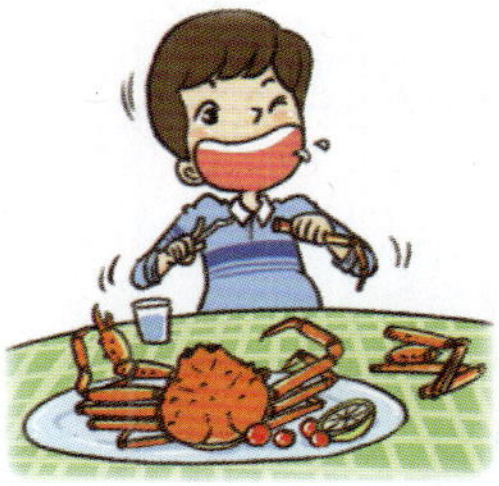

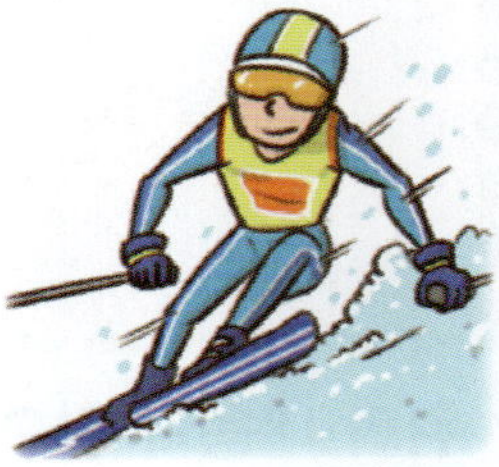

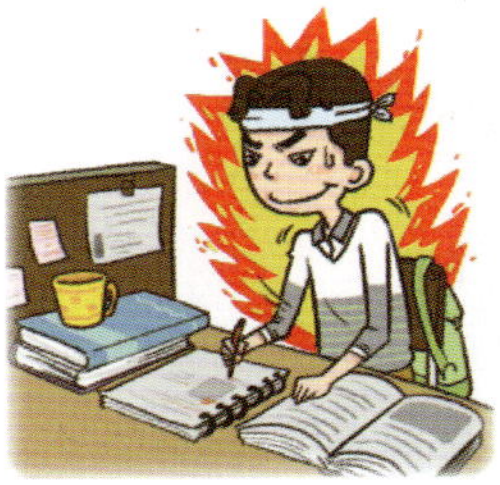

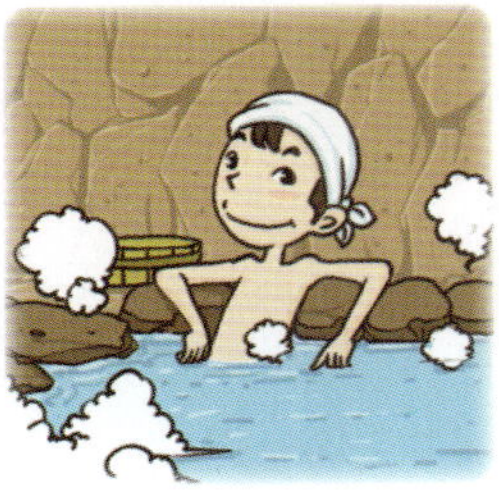

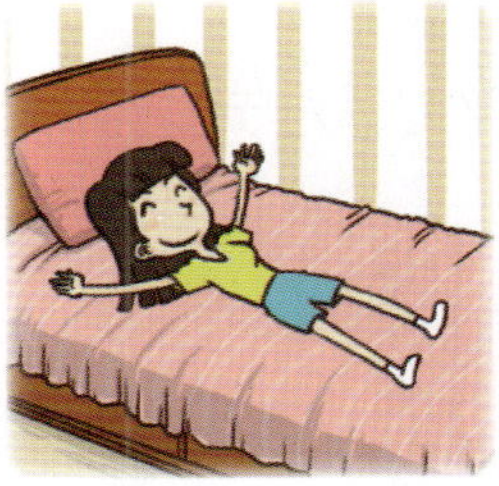

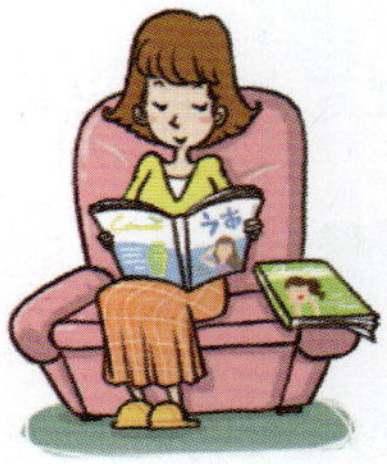

🎵 **Track** 23

来週、同じクラスのユミさんがアメリカへ留学に行く。それで今日は
クラスのみんなで送別会をした。

　送別会は5時からだった。その1時間前にクラスのみんなとプレゼントを
買いにデパートへ行った。

　私たちはデジカメを買いたいと思った。前、ユミさんが新しいデジカメを
とてもほしそうに見ていたからだ。でも、私たちが買おうと思ったデジカメが
少し高くて迷ったけど、みんなでお金を集めれば大丈夫だと思って、
ユミさんが好きそうなピンク色のデジカメにした。それから、そのデジカメを
使って、みんなでメッセージビデオを撮った。

　送別会が始まって、私たちはユミさんにデジカメをプレゼントした。
ユミさんはとても嬉しそうだった。みんなからのメッセージビデオを
泣きそうな顔で見ていた。それを見て、私も本当に嬉しかった。
　今日はとてもいい一日だった。

★ **위의 내용과 맞으면 O표, 틀리면 X표를 하세요.**

❶ この人は5時にクラスのみんなと会った。（　　）

❷ クラスのみんなはユミさんにデジカメをプレゼントした。（　　）

❸ ユミさんがほしそうに見ていたデジカメは高くて、買うことができなかった。（　　）

| | | | | |
|---|---|---|---|---|
| 同じ 같은 | それで 그래서 | 送別会 송별회 | デジカメ 디지털카메라 | 迷う 망설이다 |
| 集める 모으다 | 大丈夫だ 괜찮다 | 色 색 | それから 그러고 나서 | メッセージビデオ 메시지비디오 |
| 始まる 시작되다 | 嬉しい 기쁘다 | 泣く 울다 | 顔 얼굴 | 一日 하루 |

## Q 퀴즈 : 일본에서의 술 마시는 습관이나 매너는 어느 것일까요?

27

 한국에서는 잔이 비어야 다시 잔을 채우지만, 일본에서는 잔에 술이 남아 있을 때 잔을 채워도 실례가 되지 않는다.

 한국에서는 아직 유교의 가르침이 남아 있어서 윗사람과 술을 마실 때는 몸 또는 고개를 옆으로 돌리고 마시지만, 일본에서는 윗사람이 정면에 앉아 있어도 정면을 향해서 마셔도 실례가 되지 않는다.

 한국에서는 소주를 그대로 마시지만, 일본에서는 대부분 소주에 다른 것을 섞어서 마신다. 섞어서 마시는 것의 종류는 다양하지만, 가장 보편적인 것은 얼음, 물, 우롱차, 주스 등으로 소주에 섞어서 희석해서 마신다.

 한국에서 술을 따를 때는 대부분 한쪽 손으로 병을 잡고, 또 다른 손은 술을 따르는 팔에 곁들여서 따르지만, 일본에서는 한쪽 손으로 병을 잡고, 다른 손으로는 병을 받치면서, 즉 두 손이 모두 병을 잡고 따른다. 한국에서의 술 따르는 습관은 전통의상의 저고리 소매가 방해가 되지 않도록 소매를 접은 것, 또 소매 속에 무기 등을 감추지 않았다는 것을 나타내는 것이라고 한다.

# 28

# 今度、試験を受けることになりました。

이번에 시험을 치게 되었습니다.

## ポイント

**1** 毎晩日記をつけることにしました。

**2** 来月からこの会社に勤めることになりました。

**3** よく聞こえるように、大きい声で話してください。

**4** 風邪を引かないように、気をつけてください。

全員 전원　　能力 능력

受ける (시험을) 치다　　あと 앞으로

～に間に合う ～에 맞출 수 있다　　これから 이제부터

～個 ～개　　～ずつ ～씩　　単語 단어　　覚える 외우다

どうやって 어떻게　　何度も 몇 번이나　　それから 그리고

忘れる 잊어버리다　　次の日 다음 날　　復習する 복습하다

悩む 고민하다　　頑張る 열심히 하다　　きっと 반드시/꼭　　うまくいく 잘 되다

キム： 今度、会社の全員が日本語能力試験を受けることに
なりました。

山田： そうですか。試験はいつですか。

キム： 7月です。あと4ヵ月しかありませんから、試験に
間に合うように、これから毎日20個ずつ単語を
覚えることにしました。

山田： それは大変ですね。
キムさんは、どうやって単語を覚えますか。

キム： 単語の本を見ながら、何度も書いています。それから、
覚えた単語を忘れないように、次の日にも復習しています。

山田： そうですか。私も来週学校で韓国語のテストがありますけど、
単語を覚えることが本当に難しくて、悩んでいます。

キム： じゃあ、これから一緒に勉強することにしましょう。
二人で頑張れば、きっとうまくいきますよ。

# 覚えよう



## 01　～ことにする
　　　　　　　　　　　　　　　　　　　　　　　　　　　　　　　-하기로 하다/-하지 않기로 하다

| 동사의 기본형<br>동사의 ない형 | ＋ | ことにする |
|---|---|---|

毎晩日記をつけることにしました。　　　　　매일 밤 일기를 쓰기로 했습니다.

やせるために、ジムに通うことにしました。
　　　　　　　　　　　　　　　　살 빼기(마르기) 위해서 헬스클럽에 다니기로 했습니다.

体に悪いから、お酒を飲まないことにしました。
　　　　　　　　　　　　　　　　몸에 나쁘기 때문에 술을 마시지 않기로 했습니다.

## 02　～ことになる
　　　　　　　　　　　　　　　　　　　　　　　　　　　　　　　-하게 되다/-하지 않게 되다

| 동사의 기본형<br>동사의 ない형 | ＋ | ことになる |
|---|---|---|

来月からこの会社に勤めることになりました。
　　　　　　　　　　　　　　　　다음 달부터 이 회사에 근무하게 되었습니다.

今回の社員旅行はチェジュドに行くことになりました。
　　　　　　　　　　　　　　　　이번 사원여행은 제주도로 가게 되었습니다.

明日の会議はしないことになりました。　　　　내일 회의는 하지 않게 되었습니다.

## 03  ～ように / ～ないように

–하도록/–하지 않도록

동사의 기본형
동사의 ない형  **+ ように**

よく聞(き)こえるように、大(おお)きい声(こえ)で話(はな)してください。

잘 들리도록, 큰 소리로 말해주세요.

風(かぜ)が入(はい)るように、窓(まど)を開(あ)けましょう。

바람이 들어오도록, 창문을 엽시다.

約束(やくそく)を忘(わす)れないように、メモをします。

약속을 잊지 않도록, 메모를 합니다.

風邪(かぜ)を引(ひ)かないように、気(き)をつけています。

감기 걸리지 않도록, 조심하고 있습니다.

---

**たんご**

| | | | |
|---|---|---|---|
| 毎晩(まいばん) 매일 밤 | 日記(にっき)をつける 일기를 쓰다 | やせる 마르다/살빼다 | ～に通(かよ)う ～에 다니다 |
| 体(からだ) 몸 | 来月(らいげつ) 다음 달 | ～に勤(つと)める ～에 근무하다 | 今回(こんかい) 이번 |
| 社員旅行(しゃいんりょこう) 사원여행/회사 단체 여행 | | 会議(かいぎ) 회의 | 聞(き)こえる 들리다 |
| 声(こえ) (목)소리 | 風(かぜ) 바람　窓(まど) 창문 | 開(あ)ける 열다 | 風邪(かぜ)を引(ひ)く 감기 걸리다 |
| 気(き)をつける 조심하다/주의하다 | | | |

**01** 다음 예 와 같이 말해 보세요.

예 休学（きゅうがく）します / 留学（りゅうがく）したいです

A 休学（きゅうがく）することにしました。

B どうしてですか。

A 留学（りゅうがく）したいからです。

❶ 今年（ことし）からタバコをやめます / 体（からだ）に悪（わる）いです

❷ 毎日単語（まいにちたんご）をたくさん覚（おぼ）えます / もうすぐ試験（しけん）です

❸ これから毎朝（まいあさ）ジョギングをします / 最近太（さいきんふと）りました

❹ 出（で）かけません / 雨（あめ）が降（ふ）っています

❺ アルバイトはしません / 来月（らいげつ）は大事（だいじ）な試験（しけん）があります

| | | |
|---|---|---|
| 休学（きゅうがく）する 휴학하다 | 今年（ことし） 올해 | やめる 끊다 |

もうすぐ 이제 곧 　　　毎朝（まいあさ） 매일 아침

ジョギング 조깅　　　最近（さいきん） 최근　　　太（ふと）る 살찌다　　　出（で）かける 외출하다　　　大事（だいじ）だ 중요하다

Track 25

## 02 다음 예와 같이 말해 보세요.

예 明日は朝6時に出勤します / 会議があります

A 明日は朝6時に出勤することになりました。

B どうしてですか。

A 会議があるからです。

❶ 東京に引っ越します / 転勤します

❷ 入院します / ケガをしました

❸ 来週からアメリカに行きます / 出張です

❹ 明日の飲み会に田中先生は来ません / このごろ忙しいです

❺ 今度の旅行は行きません / 台風が来ました

| | | | |
|---|---|---|---|
| 出勤する 출근하다 | 引っ越す 이사하다 | 転勤する 전근가다 | 入院する 입원하다 |
| ケガをする 다치다/부상당하다 | 出張 출장 | このごろ 요즘 | 台風 태풍 |

## 03 다음 예와 같이 말해 보세요.

예　よく見えます / 大きく書きます

A　よく見えるように、何をしますか。
B　よく見えるように、大きく書きます。

❶ 会社に間に合います / タクシーで行きます

❷ 早く病気が治ります / 毎日薬を飲みます

❸ 寝坊しません / 早く寝ます

❹ 将来困りません / お金を貯めます

❺ 道に迷いません / 地図を見ます

| | | | |
|---|---|---|---|
| 〜に間に合う 〜(시간)에 맞출 수 있다 | 治る (병이)낫다 | 寝坊する 늦잠 자다 | 将来 장래 |
| 困る 곤란하다 | お金 돈　貯める 모으다/저축하다 | 〜に迷う 〜을/를 헤매다 | 地図 지도 |

Track 26

**01** 다음을 듣고 수첩에 스케줄에 맞는 그림의 번호를 써 넣어보세요.

# 来週までに上手に<br>できるようになりたいです。

다음 주까지 능숙하게 할 수 있게 되고 싶습니다.

## ポイント

1. 日本の新聞が読めますか。
2. 漢字が書けるようになりました。
3. 友だちが来るまで駅で待ちました。
4. 来週の月曜日までに本を返します。

| | | | |
|---|---|---|---|
| 眠い 졸리다 | 何か 무엇인가 | | |
| 実は 실은 | 歌 노래 | ダンス 춤/댄스 | 練習 연습 |
| 学園祭 학교 축제 | 留学生 유학생 | 踊る 춤추다 | 流行る 유행하다 |
| アイドル 아이돌 | テンポ 템포/속도 | 速い 빠르다 | 複雑だ 복잡하다 |
| 上手に 능숙하게 | 全然 전혀 | 集まる 모이다 | もっと 좀 더 |

キム：　山田さん、眠そうですね。何かありましたか。

山田：　実は、最近毎日夜遅くまで、歌とダンスの練習をしていて…。

キム：　え、どうしてですか。

山田：　来週、学園祭があって、その時留学生のみんなで
　　　　踊りながら歌うことになってしまって…。

キム：　へえ、そうですか。どんな歌を歌いますか。

山田：　今流行っているアイドルの歌です。テンポが速くて
　　　　歌も難しいです。それにダンスも複雑で、本当に大変です。

キム：　山田さんは上手に踊れますか。

山田：　いいえ、ダンスは全然できません。歌も上手に歌えませんから、
　　　　本当に心配です。それで、毎日みんなで集まって練習しています。

キム：　毎日練習して、上手にできるようになりましたか。

山田：　そうですね。前よりはできるようになりましたが、まだまだです。
　　　　来週までに、もっと上手にできるように頑張ります。

## 01 가능형

–할 수 있다

| | 기본형 | 가능형 | ます |
|---|---|---|---|
| 1그룹동사<br>え단+る | 使<sup>つか</sup>う | 使<sup>つか</sup>える | 使<sup>つか</sup>えます |
| | 弾<sup>ひ</sup>く | 弾<sup>ひ</sup>ける | 弾<sup>ひ</sup>けます |
| | 泳<sup>およ</sup>ぐ | 泳<sup>およ</sup>げる | 泳<sup>およ</sup>げます |
| | 出<sup>だ</sup>す | 出<sup>だ</sup>せる | 出<sup>だ</sup>せます |
| | 打<sup>う</sup>つ | 打<sup>う</sup>てる | 打<sup>う</sup>てます |
| | 死<sup>し</sup>ぬ | 死<sup>し</sup>ねる | 死<sup>し</sup>ねます |
| | 選<sup>えら</sup>ぶ | 選<sup>えら</sup>べる | 選<sup>えら</sup>べます |
| | 飲<sup>の</sup>む | 飲<sup>の</sup>める | 飲<sup>の</sup>めます |
| | 送<sup>おく</sup>る | 送<sup>おく</sup>れる | 送<sup>おく</sup>れます |
| 2그룹동사<br>る+られる | 借<sup>か</sup>りる | 借<sup>か</sup>りられる | 借<sup>か</sup>りられます |
| | 答<sup>こた</sup>える | 答<sup>こた</sup>えられる | 答<sup>こた</sup>えられます |
| 3그룹동사 | 来<sup>く</sup>る | 来<sup>こ</sup>られる | 来<sup>こ</sup>られます |
| | する | できる | できます |

**TIP** "기호"나 "능력"을 나타내는 말 앞에 "~을/를"이 올 때 목적격조사 "を"대신 "が"를 쓴다.
→ "동사 기본형 + ことができる"와 의미가 같다.

## 02　～ようになる
−하도록 되다

동사의 **기본형**
동사의 **가능형** **＋** **ようになる**

野菜をたくさん食べるようになりました。
야채를 많이 먹게 되었습니다.

日本語を習って、あいさつができるようになりました。
일본어를 배워서, 인사를 할 수 있게 되었습니다.

前は漢字が書けませんでしたが、今は書けるようになりました。
전에는 한자를 쓸 수 없었습니다만, 지금은 쓸 수 있게 되었습니다.

## 03　～まで / ～までに
−까지

昨日は夜11時まで残業をしました。
어제는 11까지 잔업(야근)을 했습니다.

映画が始まるまで友だちとおしゃべりをしました。
영화가 시작될 때까지 친구와 수다를 떨었습니다.

先生が来るまでに単語を覚えてください。
선생님이 올 때까지 단어를 외워 주세요.

来週の月曜日までに本を返します。
다음 주 월요일까지 책을 반납하겠습니다.

| | | | | |
|---|---|---|---|---|
| 弾く 치다/연주하다 | 打つ 치다 | 選ぶ 선택하다/고르다 | 送る 보내다 | 答える 대답하다 |
| 野菜 야채 | 習う 배우다 | あいさつ 인사 | 残業 잔업/야근 | 始まる 시작되다 |
| おしゃべりをする 수다를 떨다 | 単語 단어 | | 覚える 외우다 | 返す 돌려주다/반납하다 |

**01** 다음 예와 같이 말해 보세요.

예 **日本の新聞を読む**

A 日本の新聞が読めますか。

B はい、読めます。

いいえ、読めません。

❶ ギターを弾く

❷ スキーをする

❸ 英語で電話をかける

❹ ケータイで日本語を打つ

❺ カードで払う

 **Track** 28

## 02 다음 <sub>예</sub>와 같이 말해 보세요.

예 **漢字を書く**

A 漢字が書けますか。

B はい、前は書けませんでしたが、今は書けるようになりました。

❶ **朝早く起きる**

❷ **日本語だけで話す**

❸ **車の運転をする**

❹ **ドラマの日本語を聞き取る**

ギター 기타　　　弾く 연주하다　　　かける 걸다　　　打つ 치다　　　払う 지불하다

〜だけで 〜만으로　　　運転 운전　　　聞き取る 알아듣다

## 03 다음 예와 같이 맞는 것에 O표 하세요.

> 예　来週の金曜日 (まで / までに) 書類を出してください。

**❶** 昨日は夜12時 (まで / までに) 宿題をしました。

→ _______________________________________________

**❷** 夏 (まで / までに) 5キロやせたいです。

→ _______________________________________________

**❸** 友だちが来る (まで / までに) 駅で待ちました。

→ _______________________________________________

**❹** 今年の3月 (まで / までに) 韓国にいるつもりです。

→ _______________________________________________

**❺** 会議が始まる (まで / までに) コピーしてください。

→ _______________________________________________

**❻** 今年のクリスマス (まで / までに) 恋人がほしいです。

→ _______________________________________________

**❼** 病気が治る (まで / までに) 薬を飲んでください。

→ _______________________________________________

**❽** テストは1時からです。12時50分 (まで / までに) 教室に入ってください。

→ _______________________________________________

| | | | | |
|---|---|---|---|---|
| 書類 서류 | 出す 제출하다/내다 | 宿題 숙제 | やせる 마르다 | 駅 역　　今年 올해 |
| 始まる 시작되다 | コピーする 복사하다 | クリスマス 크리스마스 | | 〜がほしい 〜을/를 원한다 |
| 病気 병/아픔 | 治る 낫다/치료되다 | 教室 교실 | 入る 들어가다 | |

**01** 다음을 듣고 전근 가기 전까지 안은영 씨가 할 수 있게 되는 것에 O표 하세요.

| 예 | 日本人の友だちと話す。 | O | X |
| --- | --- | --- | --- |
| | | O | |
| ❶ | ドラマを見る。 | O | X |
| | | | |
| ❷ | 書類を作る。 | O | X |
| | | | |
| ❸ | メールを書く。 | O | X |
| | | | |
| ❹ | 電話で話す。 | O | X |
| | | | |

# 30

# お酒を飲むと、顔が赤くなります。

술을 마시면, 얼굴이 빨개집니다.

## ポイント

1 電気をつけて、明るくなりました。

2 仕事に慣れて、楽になりました。

3 うちの娘はもうすぐ20歳になります。

4 春になると、さくらが咲きます。

5 年をとっても、働きたいです。

顔色 안색/얼굴색　　先輩 선배

強い 강하다/세다　　それで 그래서　　無理 무리　　壊す 망가뜨리다

気をつける 주의하다　　～ほう ～편/～쪽　　特に 특히/특별히　　何も 아무것도

変わる 변하다　　赤い 빨갛다　　少し 조금　　気分 기분　　うらやましい 부럽다

すぐに 곧　　それに 게다가　　おしゃべりになる 수다스러워지다　　恥ずかしい 부끄럽다/창피하다

キム：　山田さん、顔色が悪いですね。どうしたんですか。

山田：　実は昨日飲み会で、お酒を飲みすぎてしまいました。

キム：　それはいけませんね。

山田：　一緒に飲んだ先輩が本当にお酒が強くて…。
　　　　それで、昨日は私も少し無理をしてしまいました。

キム：　だめですよ。無理をすると、体を壊しますから。

山田：　はい、気をつけます。キムさんはお酒が強いですか。

キム：　はい、強いほうだと思います。
　　　　お酒を飲んでも、特に何も変わりませんから。

山田：　顔も赤くなりませんか。

キム：　はい、お酒を飲むと、少し気分がよくなりますが、
　　　　顔は全然赤くなりません。

山田：　うらやましいですね。
　　　　私はお酒を飲むと、すぐに顔が赤くなります。
　　　　それに、おしゃべりになってしまいますから、恥ずかしいです。

# 覚えよう

**01**

い형용사 : 어간 (い) く
な형용사 : 어간 (だ) に　　**＋**　　なる
명　　사 : 명사　　に

−하게 되다

−이/가 되다

つまらない本を読んで、眠くなりました。　　재미없는 책을 읽어서, 졸려졌습니다.

仕事に慣れて、楽になりました。　　일에 익숙해져서, 편해졌습니다.

うちの娘はもうすぐ20歳になります。　　우리 딸은 이제 곧 20살이 됩니다.

**02　～と**

−하면

동사의 기본형　　**＋**　　と

春になると、さくらが咲きます。　　봄이 되면, 벚꽃이 핍니다.

この道をまっすぐ行くと、駅に着きます。　　이 길을 곧장 가면, 역에 도착합니다.

このボタンを押すと、水が出ます。　　이 버튼을 누르면, 물이 나옵니다.

## 03  ~ても

─해도

> 명     사 : 명사 + でも
>
> な형용사 : 어간 + でも
>
> い형용사 : 어간 + くても
>
> 동     사 : て형 + も

土曜日でも、仕事が忙しくて休めません。

토요일이어도, 일이 바빠서 쉴 수 없습니다.

歌が下手でも、カラオケは楽しいです。

노래를 못해도 노래방은 즐겁습니다.

彼女の料理がまずくても、全部食べます。

여자친구의 요리가 맛없더라도, 전부 먹습니다.

年をとっても、働きたいです。

나이를 먹어도, 일하고 싶습니다.

| | | | |
|---|---|---|---|
| つまらない 재미없다/시시하다 | 眠い 졸리다 | ~に慣れる ~에 익숙하다 | 楽だ 편하다 |
| 娘 딸　　もうすぐ 이제 곧 | 20歳 스무살 | 咲く (꽃이) 피다 | 道 길 |
| まっすぐ 똑바로/곧장 | 着く 도착하다 | ボタン 버튼/단추 | 押す 누르다/밀다 |
| 水 물　　出る 나가다/나오다 | まずい 맛없다 | 年をとる 나이를 먹다/나이가 들다 | 働く 일하다 |

**01** 다음 例와 같이 말해 보세요.

例 電気をつける / 明るい

A 電気をつけました。どうなりましたか。
B 電気をつけて、明るくなりました。

❶ 一日中パソコンを使う / 目が痛い

❷ みんなと一緒に旅行に行く / 仲がいい

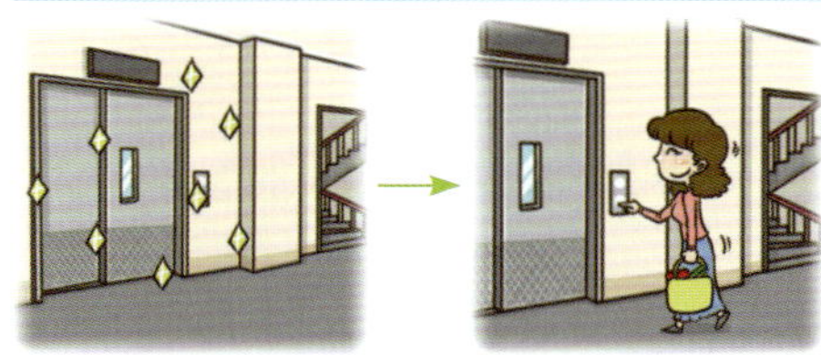

❸ エレベーターができる / 便利だ

❹ 毎日勉強する / 日本語が前より上手だ

❺ 恋人にうそをつく / けんか

| | | |
|---|---|---|
| 電気 전기 | つける 켜다 | 明るい 밝다 |
| 一日中 하루 종일 | 使う 사용하다 | |
| 目 눈 | 痛い 아프다 | 仲がいい 사이가 좋다 |
| エレベーター 엘리베이터 | できる 생기다 | |
| うそをつく 거짓말 하다 | けんか 싸움 | |

## 02  다음 <sub>예</sub> 와 같이 말해 보세요.

<sub>예</sub> **お酒を飲む / 顔が赤い**

A お酒を飲むと、どうなりますか。
B お酒を飲むと、顔が赤くなります。

❶ 恋人ができる / 幸せだ

❷ 毎日運動をする / 体が丈夫だ

❸ ストレスがたまる / 病気

❹ お腹がいっぱいになる / 眠い

❺ 日本の番組を見る / 日本へ遊びに行きたい

| | | | | |
|---|---|---|---|---|
| 顔 얼굴 | 赤い 빨갛다 | 幸せだ 행복하다 | 体 몸 | 丈夫だ 튼튼하다 |
| ストレス 스트레스 | たまる 쌓이다 | お腹がいっぱいだ 배가 부르다 | | 番組 방송 |

## 03 다음 예 와 같이 말해 보세요.

예 安い / 買う

A 安かったら、買いますか。
B いいえ、安くても、買いません。

❶ 駅から近い / この家に住む

❷ 仕事が大変だ / 仕事をやめる

❸ 彼がお金持ちだ / 付き合う

❹ 風邪を引く / 学校を休む

❺ 泣く / ストレスがなくなる

安い 싸다　　買う 사다　　〜に住む 〜에 살다　　お金持ち 부자　　付き合う 사귀다
学校 학교　　泣く 울다　　なくなる 없어지다

## 聞いてみよう 들어보자

Track 32

**01** 다음을 듣고 예처럼 맞는 그림을 찾아 번호를 써 넣으세요.

| 예 | ❶ | ❷ | ❸ | ❹ |
|---|---|---|---|---|
| パク | 田中(たなか) | 鈴木(すずき) | 中村(なかむら) | チェ |
| ⑦ | | | | |

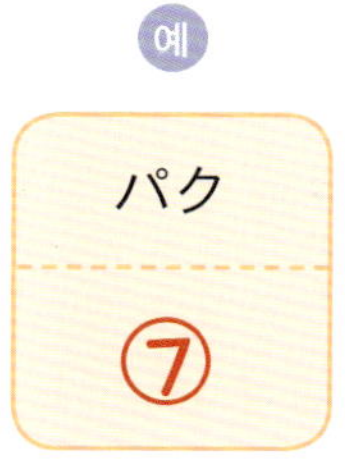

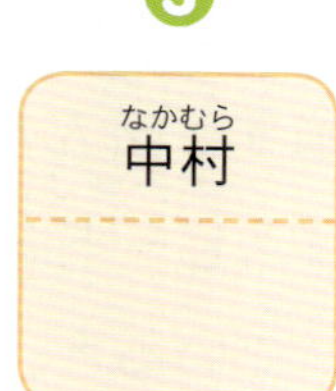

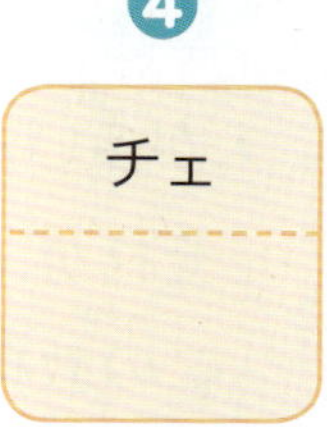

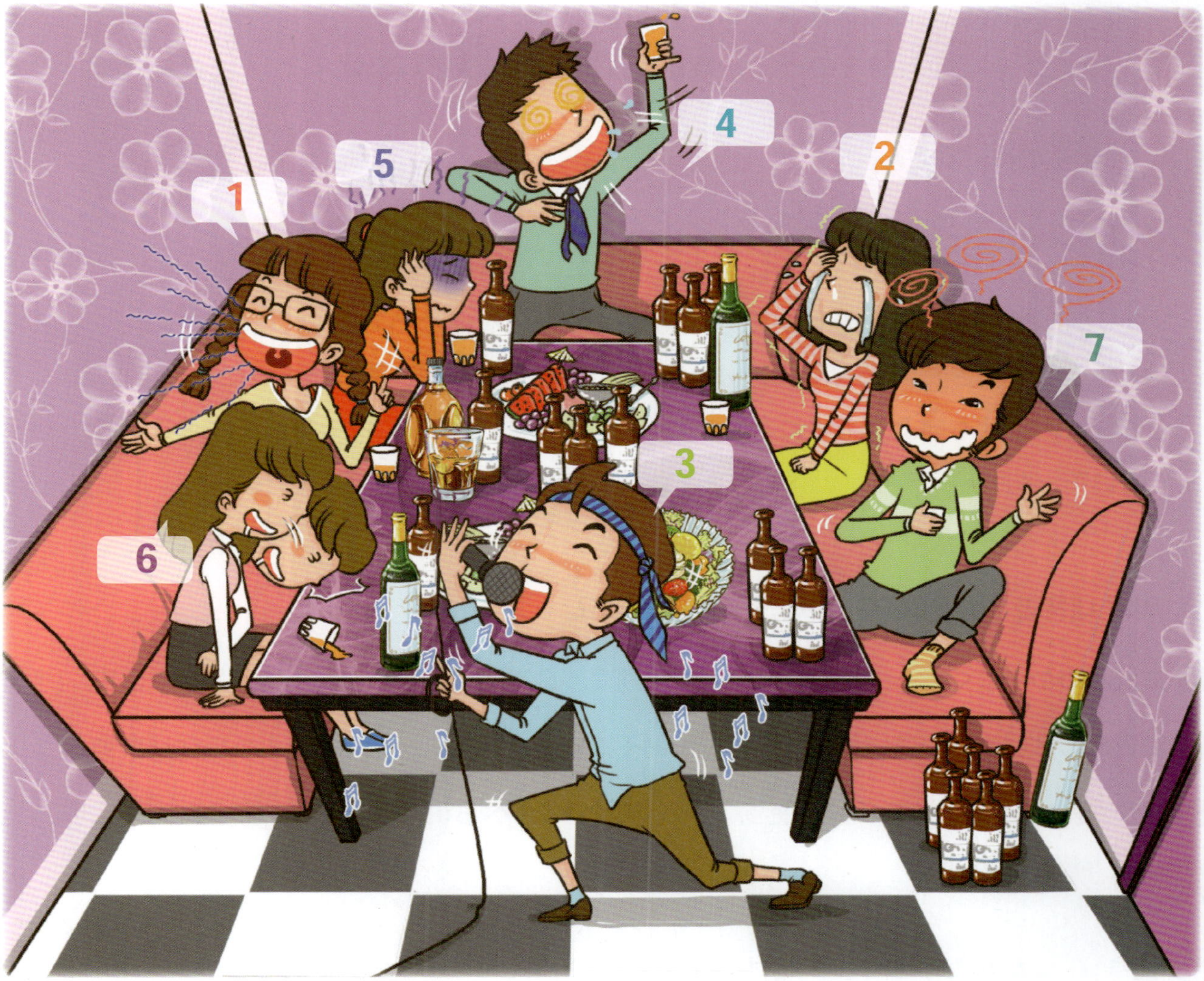


30

Track 33

# 毎日聞くだけで日本語が話せるようになる！？

単語や文法はわかっていても、なかなか話せるようにならないと悩んでいる人が多いと思います。そんなあなたに、おすすめの教材があります。

それが、この『スピード日本語』です。

この教材を聞いていると、それだけで日本語が聞き取れるようになります。

そして、発音もよくなって、だんだん会話も上手になります。

日本語が上手になるポイントは、「毎日聞くようにすること」です。

忙しくても、一日も休まないようにしてください。

あなたもこの教材を使って、楽しく日本語の勉強をしませんか。

## 学生の声(パクさん)

私はソウルで働いている会社員です。来年４月から東京に転勤することになりましたから、今年の10月からこの教材で勉強を始めることにしました。

この教材を使って３ヵ月になった今は、日本語がよく聞き取れるようになりました。それに、会話も前より上手になりました。これからも東京に行く日まで毎日これを聞いて、４月までにもっとぺらぺら話せるようになりたいです。

★ 위의 내용과 맞으면 O표, 틀리면 X표를 하세요.

❶ 文法がわからなくても、この教材を聞くだけで、日本語が上手に話せるようになります。（　　）

❷ 毎日この教材を聞いていると、日本語を聞くことも、話すこともできるようになります。（　　）

❸ パクさんはこの教材を３ヵ月使って、日本語がぺらぺらになりました。（　　）

| | | | | | |
|---|---|---|---|---|---|
| 文法 문법 | なかなか 좀처럼 | 悩む 고민하다 | そんな 그런 | おすすめ 추천 | 教材 교재 |
| ～だけで ～만으로 | 聞き取る 알아듣다 | 発音 발음 | | だんだん 점점 | 会話 회화 |
| 働く 일하다 | 転勤する 전근가다 | 始める 시작하다 | | ぺらぺら 유창하게/줄줄 | |

**Q** 퀴즈 : 다음 그림의 동작은 무슨 의미일까요? 맞는 번호를 고르세요.

(1) 다른 사람 앞을 통과하거나 할 때     (2) [나?]라고 확인할 때
(3) 술자리 등이 끝나서 계산 부탁할 때     (4) 음식이 목에 걸렸을 때

(3) 회식이나 술자리가 끝나서 계산해 달라고 할 때, 한국에서는 [저기요]라든가 [계산이요]라고 소리를 내서 계산을 부탁하지만, 일본에서는 손가락으로 [X표]를 하면 끝났다는 의미로 계산을 부탁하게 된다.

(4) 한국에서는 상대방이 이해하지 못한 경우에 [답답해]라고 말하면서 가슴을 주먹으로 툭툭 치지만, 일본에서는 정말로 음식이 목에 걸렸거나, 사레 들렸을 때 사용한다.

(2) 한국에서는 가슴 쪽을 가리키면서 [나?]라고 반문하지만, 일본에서는 반드시 "코"쪽을 가리키면서 [나?]라고 반문하다.

(1) 다른 사람 앞을 통과 할 때 한국에서는 [죄송합니다] 또는 [실례합니다]라고 말한 다음에 지나가지만, 일본에서는 계속 손동작을 하면서 [すみません]이라고 말을 하고 지나간다.

# 31

# あそこで撮影<ruby>撮影<rt>さつえい</rt></ruby>があるようです。

저기에서 촬영이 있는 것 같습니다.

## ポイント

1 추측 표현(ようだ) 익히기

2 彼女は幸せなようです。

3 彼は歌が上手で、まるで歌手のようです。

4 母のような優しい人と結婚したいです。

| | | |
|---|---|---|
| あそこ 저기 | 集まる 모이다 | |
| ある 있다 | 何か 뭔가 | |
| 撮影 촬영 | 芸能人 연예인 | 本当 정말 |
| 歌手 가수 | 背が高い 키가 크다 | スタイル 스타일 |
| まるで 마치 | モデル 모델 | 本当に 정말로　人気 인기　ファン 팬 |
| いる 있다 | すてきだ 멋있다 | ～がほしい ～을/를 원하다(갖고 싶다)　早く 빨리　できる 생기다 |

山田: あそこに人が集まっていますね。

キム: カメラもありますよ。
何かの撮影があるみたいですね。

山田: あ、あの人、芸能人じゃありませんか。

キム: 本当ですね。彼は有名な歌手ですよ。

山田: そうですか。背も高くて、スタイルもよくて…。
まるで、モデルのようですね。

キム: はい、彼は本当に人気があるようですね。
彼を見に来たファンがたくさんいますよ。

山田: ああ、私もあの人のようなすてきな恋人がほしいです。

キム: そうですね。早くすてきな恋人ができたらいいですね。

# 覚えよう



명　　사 : 명사 の
な형용사 : 어간 な
い형용사 : 기본형　　　＋　ようだ
동　　사 : 기본형

電話に出ないから、留守のようです。　전화를 받지 않기 때문에 부재중인 것 같습니다.

いつもにこにこしているから、彼女は幸せなようです。
항상 방긋방긋하고 있기 때문에 그녀는 행복한 것 같습니다.

あの二人はいつも一緒にいるから、仲がいいようです。
저 두 사람은 항상 함께 있기 때문에 사이가 좋은 것 같습니다.

あの店は人が多いから、人気があるようです。
저 가게는 사람이 많기 때문에 인기가 있는 것 같습니다.



彼は歌が上手で、まるで歌手のようです。　그는 노래를 잘해서, 마치 가수 같습니다.

この部屋は蒸し暑くて、まるでサウナのようです。
이 방은 무더워서, 마치 사우나 같습니다.



韓国料理のような辛い物が食べたいです。　한국요리 같은 매운 것이 먹고 싶습니다.

母のような優しい人と結婚したいです。　엄마 같은 상냥한 사람과 결혼하고 싶습니다.

**TIP** 「ようだ」는 [な형용사]처럼 변한다.

## 04　～みたいだ

–인 것 같다

> 명　　사 : 명사
> な형용사 : 어간
> い형용사 : 기본형　　**＋**　みたいだ
> 동　　사 : 기본형

電話に出ないから、留守みたいです。　전화를 받지 않기 때문에 부재중인 것 같습니다.

いつもにこにこしているから、彼女は幸せみたいです。
　　　　　　　　　　항상 방긋방긋하고 있기 때문에 그녀는 행복한 것 같습니다.

あの二人はいつも一緒にいるから、仲がいいみたいです。
　　　　　　　　　　저 두 사람은 항상 함께 있기 때문에 사이가 좋은 것 같습니다.

あの店は人が多いから、人気があるみたいです。
　　　　　　　　　　저 가게는 사람이 많기 때문에 인기가 있는 것 같습니다.

**TIP** [ようだ]와 같은 의미이지만, [ようだ]보다 좀 더 회화체로 회화에서 많이 사용한다.

---

電話に出る 전화를 받다　留守 부재중　にこにこする 방긋거리다　彼女 그녀　幸せだ 행복하다

二人 두 사람　仲 사이　人気 인기　歌手 가수　部屋 방　蒸し暑い 무덥다

サウナ 사우나　辛い物 매운 것　母 엄마　優しい 상냥하다　結婚する 결혼하다

## 01 다음 예와 같이 말해 보세요.

例 **料理がおいしいです**

A 店に人がたくさんいますね。
B そうですね。料理がおいしいようですね。

❶ **付き合っています**

A あの二人はまた一緒にいますね。

❷ **暇です**

A 彼女は部屋を片付けていますね。

❸ **留守です**

A 部屋の電気が消えていますね。

❹ **ダイエット中でした**

A 田中さんは甘いものを食べませんでしたね。

❺ **約束がありませんでした**

A 彼は今日もうちにいますね。

| | | | | |
|---|---|---|---|---|
| たくさん 많이 | 付き合う 사귀다 | また 또 | 暇だ 한가하다 | 片付ける 정리하다/정돈하다 |
| 留守 부재중 | 消える 꺼지다 | ダイエット中 다이어트 중 | 甘いもの 단 것 | 約束 약속 |

Track 35

**02** 다음 예와 같이 말해 보세요.

예　彼女は歌が上手だ / 歌手

A　彼女は歌が上手ですね。

B　そうですね。まるで、歌手のようですね。

❶　あの子どもはかわいい / 人形

❷　彼はかっこいい / 芸能人

❸　ジョンさんは日本語がぺらぺらだ / 日本人

❹　鈴木さんは背が高くてスタイルがいい / モデル

上手だ 잘하다/능숙하다　　かわいい 귀엽다　　人形 인형　　かっこいい 멋있다　　芸能人 연예인

ぺらぺらだ 능숙하게 술술 말하다　　背が高い 키가 크다　　スタイル 스타일　　モデル 모델

## 03 다음 예와 같이 말해 보세요.

예　チョコレート / 甘(あま)いもの

A どんな物(もの)が食(た)べたいですか。
B チョコレートのような甘(あま)いものが食(た)べたいです。

❶ 生(なま)ビール / 冷(つめ)たいもの

A どんな物(もの)が飲(の)みたいですか。

❷ 母(はは) / 優(やさ)しい人(ひと)

A どんな人(ひと)と結婚(けっこん)したいですか。

❸ 京都(きょうと) / 古(ふる)くてきれいな町(まち)

A どんな所(ところ)に住(す)みたいですか。

❹ マルチーズ / 小(ちい)さくてかわいい犬(いぬ)

A どんなペットが飼(か)いたいですか。

| | | | |
|---|---|---|---|
| チョコレート 초콜릿 | どんな 어떤 | 生(なま)ビール 생맥주 | 冷(つめ)たいもの 찬 것 |
| 古(ふる)い 오래되다/낡다 | 町(まち) 마을 | 所(ところ) 곳/장소 | 〜に住(す)む 〜에 살다 |
| マルチーズ 마르티스 | 犬(いぬ) 개 | ペット 애완동물 | 飼(か)う 기르다 |

**01** 다음을 듣고 맞는 것에 O표를 하세요.

| | | | |
|---|---|---|---|
| 예 |  | O<br>O | X |
| ① |  | O | X |
| ② | | O | X |
| ③ | | O | X |
| ④ | | O | X |

# みんな優<ruby>優<rt>やさ</rt></ruby>しくしてくれました。

모두 친절하게 해 주었습니다.

## ポイント

**1** 私<ruby><rt>わたし</rt></ruby>は鈴木<ruby><rt>すず き</rt></ruby>さん<u>に</u>韓国料理<ruby><rt>かんこくりょう り</rt></ruby>を作<ruby><rt>つく</rt></ruby>っ<u>てあげました</u>。

**2** 友<ruby><rt>とも</rt></ruby>だちは私<ruby><rt>わたし</rt></ruby><u>に</u>辞書<ruby><rt>じ しょ</rt></ruby>を貸<ruby><rt>か</rt></ruby>し<u>てくれました</u>。

**3** 私<ruby><rt>わたし</rt></ruby>は兄<ruby><rt>あに</rt></ruby><u>に</u>重<ruby><rt>おも</rt></ruby>い荷物<ruby><rt>に もつ</rt></ruby>を運<ruby><rt>はこ</rt></ruby>ん<u>でもらいました</u>。

**4** 仕事<ruby><rt>し ごと</rt></ruby>の<u>ために</u>、毎週英語<ruby><rt>まいしゅうえい ご</rt></ruby>を習<ruby><rt>なら</rt></ruby>っています。

**5** 結婚式<ruby><rt>けっこんしき</rt></ruby>に出<ruby><rt>で</rt></ruby>る<u>ために</u>、プサンへ行<ruby><rt>い</rt></ruby>きます。

久<ruby><rt>ひさ</rt></ruby>しぶりです 오랜만입니다

実<ruby><rt>じっ</rt></ruby>は 실은　　　　　　　紹介<ruby><rt>しょうかい</rt></ruby>する 소개하다

ホームステイ 홈스테이　　ホストファミリー 홈스테이 가족

優<ruby><rt>やさ</rt></ruby>しい 상냥하다　　　思<ruby><rt>おも</rt></ruby>い出<ruby><rt>で</rt></ruby> 추억　　　いろいろだ 여러 가지다

ところ 곳/장소　　　　連<ruby><rt>つ</rt></ruby>れて行<ruby><rt>い</rt></ruby>く 데리고 가다

キム： 山田さん、久しぶりですね。夏休みはどうでしたか。

山田： 実は学校から紹介してもらって、韓国人の家に
ホームステイをしていました。本当に楽しかったです。

キム： そうですか。ホストファミリーはどんな家族でしたか。

山田： お父さん、お母さん、お姉さん、弟さんの4人家族でした。
みんな優しくしてくれて、とてもいい家族でした。

キム： それはよかったですね。いい思い出がたくさん作れましたか。

山田： はい、お父さんが車でいろいろなところに連れて行って
くれたり、お母さんがおいしいものを作ってくれたり
しました。

キム： 本当に優しい家族ですね。
山田さんはその家族のために何かしてあげましたか。

山田： 日本料理を作ってあげました。

# 覚えよう

## 01-1　あげる (나 → 남)　　　주다

私は友だちに本をあげました。　　나는 친구에게 책을 주었습니다.

私は恋人に花をあげました。　　나는 애인에게 꽃을 주었습니다.

## 01-2　くれる (남 → 나)　　　주다

先生は私に日本の雑誌をくれました。　선생님은 나에게 일본 잡지를 주었습니다.

友だちは私に財布をくれました。　　친구는 나에게 지갑을 주었습니다.

**TIP** 남이 내 가족에게 줄 때도 「くれる」를 쓴다.

## 01-3　もらう　　　받다

私は先生に日本の雑誌をもらいました。　나는 선생님에게 일본 잡지를 받았습니다.

私は友だちに財布をもらいました。　　나는 친구에게 지갑을 받았습니다.

## 01-4　제3자 → 제3자

일반적으로 제3자가 제3자에게 줄때는 「あげる」를 쓴다.

先生は中村さんに傘をあげました。　선생님은 나까무라 씨에게 우산을 주었습니다.

田中さんは鈴木さんに時計をあげました。

다나까 씨는 스즈끼 씨에게 시계를 주었습니다.

---

花 꽃　　雑誌 잡지　　財布 지갑　　傘 우산　　時計 시계　　案内する 안내하다

娘 딸　　教える 가르치다　　母 엄마　　紹介する 소개하다

## 02-1  ～てあげる

-해 주다

私は田中さんにソウルを案内してあげました。

나는 다나까 씨에게 서울을 안내해 주었습니다.

私は恋人に財布を買ってあげました。

나는 애인에게 지갑을 사 주었습니다.

私は娘に本を読んであげました。

나는 딸에게 책을 읽어 주었습니다.

## 02-2  ～てくれる

-해 주다

鈴木さんは私に日本語を教えてくれました。

스즈끼 씨는 나에게 일본어를 가르쳐 주었습니다.

母は私に料理を作ってくれました。

엄마는 나에게 요리를 만들어 주었습니다.

田中さんは娘に日本の友だちを紹介してくれました。

다나까 씨는 딸에게 일본 친구를 소개해 주었습니다.

## 02-3  ～てもらう

-해 받다(-해 주다)

私は鈴木さんに日本語を教えてもらいました。

스즈끼 씨는 나에게 일본어를 가르쳐 주었습니다.

私は母に料理を作ってもらいました。

엄마는 나에게 요리를 만들어 주었습니다.

娘は田中さんに日本の友だちを紹介してもらいました。

다나까 씨는 딸에게 일본 친구를 소개해 주었습니다.

## 03　～ために　　　　　−위하여/−위해서

명사 + の
동사의 기본형　+　ために

仕事のために、毎週英語を習っています。　일을 위해서, 매주 영어를 배우고 있습니다.

恋人の誕生日のために、プレゼントを準備しました。
애인 생일을 위해서, 선물을 준비했습니다.

留学するために、日本語を勉強します。　유학 가기 위해서, 일본어를 공부합니다.

論文を書くために、資料を集めています。　논문을 쓰기 위해서, 자료를 모으고 있습니다.

仕事 일　　毎週 매주　　習う 배우다　　誕生日 생일　　プレゼント 선물　　準備する 준비하다

留学する 유학가다　　論文 논문　　資料 자료　　集める 모으다　　セーター 스웨터

ネクタイ 넥타이　　後輩 후배　　説明する 설명하다　　昼ごはん 점심밥　　おごる 한턱내다

弟 남동생　　宿題 숙제　　手伝う 돕다/거들다

**01** 다음 예와 같이 말해 보세요.

예1 **セーター**

A あなたは友だちに何をあげましたか。

B (私は友だちに)セーターをあげました。

❶ 花 はな

❷ ネクタイ

예2 **仕事を説明する** しごと せつめい

A あなたは後輩に何をしてあげましたか。 こうはい なに

B (私は後輩に)仕事を説明してあげました。 わたし こうはい しごと せつめい

❸ 昼ごはんをおごる ひる

❹ 宿題を手伝う しゅくだい て つだ

**02-1** 다음 예 와 같이 말해 보세요.

かばん

예1 A 友だちはあなたに何をくれましたか。
B (友だちは私に)かばんをくれました。

예2 A あなたは友だちに何をもらいましたか。
B (私は友だちに)かばんをもらいました。

❶ 手紙

❷ 財布

❸ 日本のお菓子

❹ 辞書

手紙 편지　　　財布 지갑　　　お菓子 과자　　　辞書 사전

**O2-2** 다음 <sub>예</sub>와 같이 말해 보세요.

友だち ——————→ 私

じしょ か
**辞書を貸す**

예1 A 友だちはあなたに何をしてくれましたか。
B (友だちは私に) 辞書を貸してくれました。

예2 A あなたは友だちに何をしてもらいましたか。
B (私は友だちに) 辞書を貸してもらいました。

先生 ——————→ 私

❶ 日本の大学を調べる

マイケルさん ——————→ 私

❷ 英語を教える

兄 ——————→ 私

❸ 重い荷物を運ぶ

友だち ——————→ 息子

❹ 本を買う

| | | | | |
|---|---|---|---|---|
| 貸す 빌려주다 | 調べる 조사하다 | 教える 가르치다 | 兄 형 | 重い 무겁다 |
| 荷物 짐 | 運ぶ 운반하다/나르다 | 息子 아들 | | |

## 03 다음 예와 같이 말해 보세요.

例 日本語の勉強 / 辞書を買う

A 日本語の勉強のために、何をしますか。
B 日本語の勉強のために、辞書を買います。

❶ 健康 / 体にいい物を食べる

❷ 留学 / お金を貯める

❸ デジカメを買う / アルバイトをする

❹ 大学に入る / 一生懸命、勉強する

❺ 病気を治す / 毎日薬を飲む

| | | | | | |
|---|---|---|---|---|---|
| 健康 건강 | 体 몸 | いい物 좋은 것 | 留学 유학 | お金 돈 | 貯める 모으다/저축하다 |
| デジカメ 디지털카메라 | 大学 대학 | 一生懸命 열심히 | 病気 병/아픔 | 治す 치료하다 | |

**01** 다음을 듣고 내용에 맞게 화살표를 그리고, 선물의 번호를 써넣으세요.

# 門限がなくて、10時までに帰らなくてもいいです。

통금이 없어서, 10시까지 돌아가지 않아도 됩니다.

## ポイント

① 日曜日は早く起きなくてもいいです。

② 借りたものは早く返さなければなりません。

③ 母は傘を持たないで、出かけました。

④ ごはんを食べなくて、お腹が空いています。

| | | | |
|---|---|---|---|
| 変わる 변하다 | いろいろ 여러 가지 | | |
| 掃除 청소 | 洗濯 세탁 | 〜など 〜등 | |
| 家事 집안일 | 自分で 스스로 | 時間 시간 | 足りる 충분하다 |
| 期間中 기간 중 | 着る 입다 | 服 옷 | 食べ物 먹을 것/음식 |
| 学校 학교 | やっぱり 역시 | 一人暮らし 자취생활 | 門限 통금　楽だ 편하다 |

キム：　山田さんは韓国に来てから、何か変わったことがありますか。

山田：　ええ、いろいろありますよ。
　　　　韓国に来てからは、掃除や料理、洗濯などの家事を全部
　　　　自分でするようになりました。

キム：　そうですか。勉強をしながら家事まですると、
　　　　時間が足りなくありませんか。

山田：　そうですね。試験期間中は洗濯をしなくて着る服が
　　　　なかったり、食べ物がなくて、ごはんを食べないで
　　　　学校に行ったりしたことがあります。

キム：　やっぱり、一人暮らしは大変ですね。

山田：　でも、前は10時までに帰らなければなりませんでしたが、
　　　　今は門限がなくて、10時までに帰らなくてもいいですから
　　　　楽になりました。

## 覚えよう



### 01　〜なくてもいいです　　　　　　　　　　　　　　　　　　　　　　　－하지 않아도 됩니다

部屋に入る時は靴を脱がなくてもいいです。

방에 들어갈 때는 신발을 벗지 않아도 됩니다.

風邪はもう治りましたから、心配しなくてもいいです。

감기는 이미 나았기 때문에 걱정하지 않아도 됩니다.

人が少なければ並ばなくてもいいです。　사람이 적으면 줄을 서지 않아도 됩니다.

### 02　〜なければなりません　　　　　　　　　　　　　　　　　　　　　　－하지 않으면 안 됩니다

約束は絶対に守らなければなりません。　약속은 절대로 지키지 않으면 안 됩니다.

借りたものは早く返さなければなりません。

빌린 물건은 빨리 돌려주지 않으면 안 됩니다.

甘いものを食べすぎないように気をつけなければならない。

단 것을 지나치게 먹지 않도록 주의하지 않으면 안 된다.

**TIP**　[なければなりません]은 줄여서 [なきゃ]로도 사용할 수 있다.
단, 이것은 반말이므로 윗사람에게는 사용하지 않는 것이 좋다.

| | | | | |
|---|---|---|---|---|
| 靴 신발/구두 | 脱ぐ 벗다 | もう 이미/벌써 | 治る 낫다 | 心配する 걱정하다 |
| 少ない 적다 | 並ぶ 줄 서다 | 絶対に 절대로 | 守る 지키다 | 借りる 빌리다 |
| 返す 돌려주다/반납하다 | 気をつける 주의하다 | 肉 고기 | 魚 생선 | 先に 먼저 |
| シャワーを浴びる 샤워를 하다 | | お腹が空く 배가 고프다 | | 足りる 충분하다 |

## 03  ～ないで / ～なくて

−하지 않고(말고) / −하지 않아서

### 명사, 형용사: **なくて**만 사용

彼は日本人じゃなくて、韓国人です。
그는 일본인이 아니라, 한국인입니다.

私は肉が好きじゃなくて、魚が好きです。
나는 고기를 좋아하지 않고, 생선을 좋아합니다.

料理がおいしくなくて、全部食べられませんでした。
요리가 맛있지 않아서, 전부 먹을 수 없었습니다.

### 동사

❶ **ないで** : −하지 않고, −하지 말고

私を待たないで、先に行ってください。
저를 기다리지 말고, 먼저 가세요.

昨日はシャワーを浴びないで、寝てしまいました。
어제는 샤워를 하지 않고, 자고 말았습니다.

❷ **なくて** : −하지 않아서

ごはんを食べなくて、お腹が空いています。
밥을 먹지 않아서, 배가 고픕니다.

お金が足りなくて、パソコンが買えませんでした。
돈이 부족해서(충분하지 않아서), 컴퓨터를 살 수 없었습니다.

# 話してみよう

**01** 다음 예와 같이 말해 보세요.

예 **朝早く起きる**

A 朝早く起きなくてもいいですか。

B はい、早く起きなくてもいいです。

いいえ、早く起きなければなりません。

❶ 今日は出かける

❷ レストランを予約する

❸ 今日中に本を返す

❹ 早くうちに帰る

❺ 就職する時、英語ができる

| | | | |
|---|---|---|---|
| 出かける 외출하다 | 予約する 예약하다 | 今日中 오늘 중 | 返す 돌려주다 |
| 就職する 취직하다 | できる 할 수 있다 | 持つ 들다/가지다 | 全然 전혀 |
| テストを受ける 시험을 치다 | 終わる 끝나다 | 大変だ 힘들다 | 山 산 |
| 手 손　　洗う 씻다 | 冬休み 겨울방학 | 電気 전기 | 消す 끄다/지우다 |

🔊Track 41

**02** 다음 예와 같이 맞는 것에 O표 하고, 문장을 완성해 보세요.

> 예 母は傘を持つ ((ないで) / なくて) / 出かけました
>
> → 母は傘を持たないで、出かけました。

❶ 時間がある (ないで / なくて) / 旅行に行けません

→ _______________________________________

❷ 昨日は仕事が忙しい (ないで / なくて) / 暇でした

→ _______________________________________

❸ 全然勉強する (ないで / なくて) / テストを受けました

→ _______________________________________

❹ 昨日は夜遅くまで仕事が終わる (ないで / なくて) / 大変でした

→ _______________________________________

❺ 旅行は山だ (ないで / なくて) / 海に行きます

→ _______________________________________

❻ 手を洗う (ないで / なくて) / 食べてはいけません

→ _______________________________________

❼ 田中さんは学生だ (ないで / なくて) / 冬休みがありません

→ _______________________________________

❽ 電気を消す (ないで / なくて) / 寝ています

→ _______________________________________

## 03 다음 예 와 같이 말해 보세요.

예　コーヒーに砂糖を入れる / 飲む

A　コーヒーに砂糖を入れて飲みますか。

B　いいえ、砂糖を入れないで、飲みます。

❶ めがねをかける / 新聞を読む

❷ 靴を脱ぐ / 部屋に入る

❸ 帽子をかぶる / 授業を受ける

❹ 昨日朝ごはんを食べる / 出勤する

❺ 昨日ケータイを持つ / 出かける

| | | | |
|---|---|---|---|
| 砂糖 설탕 / 入れる 넣다 | めがねをかける 안경을 끼다 | 靴 구두/신발 | 脱ぐ 벗다 |
| 帽子をかぶる 모자를 쓰다 | 授業を受ける 수업을 받다 | 出勤する 출근하다 | 持つ 들다/가지다 |
| 出かける 외출하다 | 報告書 보고서 | 本社 본사 | 戻る 되돌아오다 |

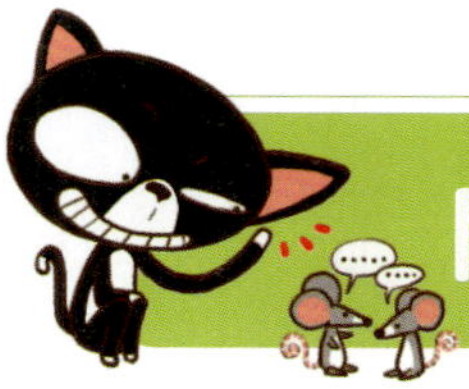

# 聞いてみよう 들어보자

Track 42

**01** 高橋(たかはし) 씨의 하루 일과를 듣고 맞는 것에 O표 하세요.

| | | O | X |
|---|---|---|---|
| 예 | 朝(あさ)7時(じ)に会社(かいしゃ)に行(い)く。 | O | |
| ❶ | 朝(あさ)ごはんを食(た)べる。 | | |
| ❷ | コーヒーを飲(の)む。 | | |
| ❸ | 報告書(ほうこくしょ)を書(か)く。 | | |
| ❹ | 本社(ほんしゃ)に行(い)く。 | | |
| ❺ | 会社(かいしゃ)に戻(もど)る。 | | |

33

Track 43


去年の日本旅行では忘れられない思い出ができました。

私はその旅行中、コンサートを見る予定でした。インターネットで調べたら、コンサートホールは駅から近いようだったから、タクシーに乗らないで地下鉄で行きました。でも駅を出て歩いても、全然ホールが見つからなくて困っている時、女の人が「どこを探していますか。」と声をかけてくれました。

私は「コンサートホールに行きたいです。7時のコンサートですから、7時までに行かなければならなくて…。」と言いました。彼女は「それなら、私が案内します。一緒に行きましょう。」と言って、私のためにホールまで一緒に来てくれました。

日本語もあまり上手じゃなくてうまく話せなかったけど、本当に親切に案内してもらって、とても嬉しかったから、私は何度も「ありがとうございます」と言いました。でも、彼女は「気にしなくてもいいですよ。」と言って、笑ってくれました。

その時から、私は一生懸命日本語の勉強をしています。日本語が前より話せるようになった今は、韓国に旅行に来る外国人にもいい思い出を作ってあげたくて、日本人を案内するボランティアを始めました。

これから私も韓国で困っている外国人を見たら、日本で親切にしてくれた彼女のように、親切にしてあげようと思っています。

★ 위의 내용과 맞으면 O표, 틀리면 X표를 하세요.

❶ この人は女の人に道を聞いて教えてもらいました。（　　）

❷ この人は韓国に来る日本人を案内するためにボランティアをしています。（　　）

❸ この人は女の人と一緒にホールまで行きました。（　　）

| | | | | | |
|---|---|---|---|---|---|
| 去年 작년 | 忘れる 잊다 | 思い出 추억 | できる 생기다 | 調べる 조사하다 | 駅 역 |
| 近い 가깝다 | 歩く 걷다 | 全然 전혀 | 見つかる 발견되다 | 困る 곤란하다 | 女の人 여자 |
| 探す 찾다 | 声をかける 말을 걸다 | 言う 말하다 | うまく 잘/훌륭히 | 嬉しい 기쁘다 | |
| 何度も 몇 번이나 | 気にする 신경 쓰다 | 笑う 웃다 | 一生懸命 열심히 | ボランティア 자원봉사 | |
| 始める 시작하다 | 親切に 친절하게 | | | | |

## Q 퀴즈 : 다음 그림은 일본의 전통 행사입니다. 각각의 그림에 해당하는 날을 고르세요.

(1) 七夕（たなばた）　　(2) ひな祭（まつ）り　　(3) こどもの日（ひ）　　(4) 節分（せつぶん）

(4) 節分（せつぶん） : 입춘 전날(2월 3일)에 콩을 뿌려서 악귀를 물리치고 복을 부르는 행사이다. 콩을 뿌릴 때 "도깨비는 밖으로, 복은 안으로(鬼は外（おに そと）、福は内（ふく うち）)"라고 외치면서 던진다.

(2) ひな祭（まつ）り : 삼월 삼짇날(桃の節句（もも せっく）)이라고 해서 3월 3일에 여자아이가 건강하게 자라서 행복한 결혼생활을 할 수 있도록 기원하는 행사이다. 히나인형을 장식하고 치라시즈시(ちらしずし), 백주(白酒（しろざけ）) 복숭아 꽃 등을 준비한다. 3월 3일이 지난 후에도 히나인형을 치우지 않으면 결혼이 늦어진다는 얘기가 있다.

(1) 七夕（たなばた） : 7월 7일에 열리는 행사로, 일년에 한 번 견우와 직녀가 은하수 위에서 만나는 날이라고 전해져서, 이날에 소원을 적은 단자꾸(短冊（たんざく）)를 대나무 잎에 매달고 별에게 소원을 빈다.

(3) こどもの日（ひ） : 어린이날은 [아이의 인격을 존중하고 아이의 행복을 바라며, 어머니에게 감사하는 날]로 1948년 정해졌다. 5월 5일은 단오절이라고 해서 남자 아이의 건강한 성장을 축하하는 날이었기 때문에 현재도 남자아이가 있는 집에서는 갑옷, 투구, 무사 인형, 잉어모양의 [こいのぼり]를 장식한다.

# 34

## これは韓国でたくさんの人に読まれている小説です。

이것은 한국에서 많은 사람들에게 읽혀지고 있는 소설입니다.

### ポイント

1. 수동형 익히기

2. 私は先輩にいじめられました。

3. 私は部長に仕事を頼まれました。

4. 昨日帰りに雨に降られてしまいました。

5. 桜は日本人に愛されています。

6. 富士山という山を知っていますか。

| | | |
|---|---|---|
| すすめる 추천하다 | 小説 소설 | |
| たくさんの人 많은 사람 | ところで 그런데 | 眠い 졸리다 |
| どうしたんですか 무슨 일입니까? | 急に 갑자기 | それで 그래서 |
| その後 그 후 | 隣の人 옆집 사람 | 騒ぐ 떠들다 | 結局 결국 |

キム： 山田さん、今読んでいる本は何ですか。

山田： 先生にすすめられた韓国の小説です。

キム： ああ、その本、今韓国でたくさんの人に読まれている
小説ですよ。

山田： そうですか。全部韓国語で書かれているから、
少し難しいですが、おもしろいです。
ところで、キムさんは眠そうですね。どうしたんですか。

キム： 実は昨日、急に友だちに来られてしまって…。

山田： 友だちは何をしに来ましたか。

キム： 「マッコリ」という韓国のお酒を一緒に飲みたくて
来たみたいです。

山田： それで、友だちは何時までいましたか。

キム： 1時に帰りましたが、その後も隣の人に騒がれて、
結局昨日はあまり寝られませんでした。

山田： そうですか。昨日は本当に大変でしたね。

# 覚えよう



|  | | 기본형 | 수동형 |
|---|---|---|---|
| **1그룹동사** | あ단 + れる<br><br>예외　う ➡ わ | 誘う | 誘われる |
| | | 聞く | 聞かれる |
| | | 押す | 押される |
| | | 呼ぶ | 呼ばれる |
| | | 盗む | 盗まれる |
| | | 叱る | 叱られる |
| | | 触る | 触られる |
| **2그룹동사** | る + られる | ほめる | ほめられる |
| | | 見る | 見られる |
| **3그룹동사** | | 来る | 来られる |
| | | 招待する | 招待される |

## 02 명사に 수동형       -에게 -해지다

私は先輩にいじめられました。      나는 선배에게 괴롭힘을 당했습니다.

私は蚊に刺されました。      나는 모기에게 물렸습니다.

私は中村さんに招待されました。      나는 나까무라 씨에게 초대받았습니다.

## 03 명사に 명사を 수동형       -에게 -을 -해지다

私はすりに財布を掏られました。    나는 소매치기에게 지갑을 소매치기 당했습니다.

私は部長に仕事を頼まれました。      나는 부장님에게 일을 부탁받았습니다.

私は先生に作文をほめられました。      나는 선생님에게 작문을 칭찬받았습니다.

## 04 명사に 수동형       -에게 -함을 당하다

昨日帰りに雨に降られてしまいました。    어제 돌아가는 길에 비를 맞고 말았습니다.

忙しい時、友だちに来られました。      바쁠 때, 친구가 와서 곤란했습니다.

隣の家の人に騒がれて、寝られませんでした。

옆집 사람이 시끄럽게 해서, 잘 수 없었습니다.

**TIP** 피해를 입어서 매우 곤란한 경우에 사용하는 수동형이다.

---

**だんご**

| | | | | |
|---|---|---|---|---|
| 誘う 권유하다 | 聞く 듣다/묻다 | 押す 밀다/누르다 | 呼ぶ 부르다 | 盗む 훔치다 |
| 叱る 꾸중하다 | 触る 만지다 | ほめる 칭찬하다 | 招待する 초대하다 | 先輩 선배 |
| いじめる 괴롭히다 | 蚊 모기 | 刺す 찌르다 | すり 소매치기 | 掏る 소매치기하다 |
| 部長 부장 | 仕事 일 | 頼む 부탁하다 | 作文 작문 | 帰りに 돌아가는 길에 |
| 隣 옆/이웃 | 騒ぐ 떠들다 | | | |

# 覚えよう

## 05 명사(무생물)は수동형　　　　　　　　　　　　–는 –해지다

このビルは去年建てられました。　　　　이 빌딩은 작년에 지어졌습니다.

桜は日本人に愛されています。　　　　　벚꽃은 일본인에게 사랑 받고 있습니다.

この小説は世界中で読まれています。　　이 소설은 전 세계에서 읽혀지고 있습니다.

## 06 명사という명사　　　　　　　　　　　　　　–라고 하는

佐藤さんという方から電話がありました。

사또 씨라고 하는 분으로부터 전화가 있었습니다.

新幹線という日本の電車に乗ったことがあります。

신칸센이라고 하는 일본 전철을 타 본 적이 있습니다.

牛丼という日本の食べ物を知っていますか。

규동(소고기 덮밥)이라고 하는 일본 음식을 알고 있습니까?

| | | | | |
|---|---|---|---|---|
| ビル 빌딩 | 去年 작년 | 建てる 짓다/세우다 | 桜 벚꽃 | 愛する 사랑하다 |
| 小説 소설 | 世界中 전 세계 | 方 분　新幹線 신칸센 | 電車 전철 | 牛丼 규동/소고기 덮밥 |
| 部長 부장 | 怒る 화내다 | 大変だ 힘들다 | どうしたんですか 무슨 일입니까? | |
| どろぼう 도둑 | 入る 들어오다 | 恋人 애인 | 振る 거절하다 | 残念だ 유감이다 |
| ほめる 칭찬하다 | 彼氏 남자친구 | プロポーズする 청혼하다 | | |

**01** 다음 예 와 같이 말해 보세요.

예 部長（ぶちょう） / 怒る（おこる） / 大変（たいへん）だ

A どうしたんですか。
B 部長（ぶちょう）に怒（おこ）られました。
A それは大変（たいへん）でしたね。

❶ どろぼう / 入（はい）る / 大変（たいへん）だ

❷ 恋人（こいびと） / 振（ふ）る / 残念（ざんねん）だ

❸ 先生（せんせい） / ほめる / いい

34

❹ 彼氏（かれし） / プロポーズする / いい

## 02 다음 예와 같이 말해 보세요.

예 友(とも)だち / ラブレターを見(み)る

A どうしたんですか。
B 友(とも)だちにラブレターを見(み)られました。
A それは大変(たいへん)でしたね。

❶ すり / 財布(さいふ)を掏(す)る

❷ 外国人(がいこくじん) / 英語(えいご)で道(みち)を聞(き)く

❸ 犬(いぬ) / あしを噛(か)む

❹ 弟(おとうと) / 先週買(せんしゅうか)ったデジカメを壊(こわ)す

❺ 母(はは) / 大事(だいじ)な書類(しょるい)を捨(す)てる

ラブレター 러브레터　　すり 소매치기　　掏(す)る 소매치기하다　　外国人(がいこくじん) 외국인　　道(みち) 길　　あし 다리
噛(か)む 물다　　弟(おとうと) 남동생　　壊(こわ)す 망가뜨리다　　大事(だいじ)だ 중요하다　　書類(しょるい) 서류　　捨(す)てる 버리다

## 03 다음 예와 같이 말해 보세요.

예 雨が降る / 風邪を引いてしまった

A 雨に降られたことがありますか。
B はい、雨に降られて、風邪を引いてしまいました。

① 一晩中、子どもが泣く / 寝られなかった

② 飼っていた犬が死ぬ / とても悲しかった

③ 電車の中で高校生が騒ぐ / とても迷惑だった

④ 試験があるけど、友だちが来る / 全然勉強できなかった

| | | | | |
|---|---|---|---|---|
| 風邪を引く 감기 걸리다 | 一晩中 밤새도록 | 泣く 울다 | 飼う 기르다 | 悲しい 슬프다 |
| 電車 전철 | 騒ぐ 떠들다 | 迷惑だ 폐가 되다/성가시다 | | |

**04** 다음 예와 같이 말해 보세요.

例 荷物 / 何で送る / 船
A 荷物は何で送られますか。
B 船で送られます。

**1** バター / 何から作る / 牛乳

**2** 卒業式 / いつ行う / 2月20日

**3** そのスニーカー / いくらで売っている / 3980円

**4** 漢字 / どんな国で使っている / 日本や中国

| | | | | |
|---|---|---|---|---|
| 荷物 짐 | 送る 보내다 | 船 배 | バター 버터 | 牛乳 우유 |
| 卒業式 졸업식 | 行う 거행하다 | スニーカー 스니커즈 | 売る 팔다 | 国 나라 |

## 05 다음 예와 같이 말해 보세요.

예 たこ焼き / 料理

A たこ焼きという料理を知っていますか。
B はい、知っています。
　いいえ、知りません。

❶ 富士山 / 山

❷ 渋谷 / ところ

❸ ゆかた / 服

❹ 駅弁 / 弁当

| | | | | |
|---|---|---|---|---|
| たこ焼き 타코야끼 | 富士山 후지 산 | 山 산 | 渋谷 일본 지명(시부야) | ところ 곳/장소 |
| ゆかた 여름에 입는 전통적인 옷 | 服 옷 | 駅弁 역에서 파는 도시락 | 弁当 도시락 | |

Track 46

**01** 다음을 듣고 맞는 것에 O표를 하세요.

## Q 퀴즈 : 다음 그림의 기모노는 언제 입을까요? 맞는 번호를 고르세요.

**①** 袴 (はかま)

**②** 白無垢 (しろむく)

**③** 振袖 (ふりそで)

**④** 浴衣 (ゆかた)

(1) 성인식　　(2) 여름 축제　　(3) 결혼식　　(4) 대학 졸업식

 **(4)** 袴 (はかま) : 원래는 명치(明治)시대(1800년대 후반)에 여자가 처음으로 공교육을 받을 수 있게 됐을 때부터 소화(昭和)시대 초기(1900년대 초반)까지 여학생이 매일 등교할 때 입었던 [교복]으로 사용되었다. 현재는 졸업식 날 입는 晴れ着(특별한 날에 입는 나들이 옷)로 변화되었다.

 **(3)** 白無垢 (しろむく) : 순결해서 불결함, 더러움이 없는(無垢) 것을 흰색으로 나타내며, 또한 [이제부터 어떤 색으로도 변할 수 있다, 즉 시댁의 색으로 변할 수 있다]의 의미로 신부의 마음을 나타낸다.

 **(1)** 振袖 (ふりそで) : 미혼여성이 제사나 격식을 갖춰야 할 때 입는 옷이다. 이 옷의 특징은 소매 자락(袂)이 특별하게 길다. 이 옷은 주로 성인식에 입고, 그 이외에 친구나 친척 결혼식(피로연)때 입는다.

 **(2)** 浴衣 (ゆかた) : 면으로 만든 유가타용의 천으로 만들어진 홑겹(単衣)의 긴 옷이다. 집이나 온천에서 목욕 후에 편하게 쉴 때의 옷으로도 사용한다. 그 밖에 여름축제(夏祭り)등의 여름 옷으로 입는다. 유가타는 맨 살에 입고, 맨발에 나막신(下駄)을 신는 것이 기본이다.

# 私は子どもを自由に遊ばせます。

저는 아이를 자유롭게 놀게 하겠습니다.

## ポイント

1. **사역형** 익히기
2. 課長は田中さん**を**出張に**行**かせました。
3. 私は娘にピアノ**を習**わせたいです。
4. 今日は雨だ**し**、寒い**し**、出かけたくありません。

最近 최근/요즘　〜たち 〜들

習い事で 배우는 것 때문에

塾 보습학원　〜に通う 〜에 다니다

親 부모　大人 어른　〜より 〜보다

暇 여유　かわいそうだ 불쌍하다　できる 생기다

もっと 좀 더　自由に 자유롭게　無理に 무리하게　外国語 외국어

〜だけ 〜만/〜뿐　小さい時 어렸을 때　習う 배우다　やっぱり 역시

大事だ 중요하다　就職 취직　〜にも 〜에도　必要だ 필요하다　できれば 가능하면

留学 유학　思う 생각하다　本当に 정말로　どうなるか 어떻게 될지

山田： 最近の子どもたちは習い事で忙しいそうですね。

キム： 子どもを塾に通わせる親が多いですからね。
大人より暇がないようですよ。

山田： かわいそうですね。私は子どもができたら、
もっと自由に遊ばせたいです。

キム： 私も無理に習い事をさせたくありませんね。
でも、外国語だけは小さい時から習わせます。

山田： そうですか。やっぱり今は外国語が大事ですからね。

キム： はい、就職にも必要だし、できれば留学もさせたいし…。

山田： 私は子どもがしたいと思うことをさせたいです。
でも、本当に子どもができたら、どうなるか、
よくわかりません。

# 覚えよう



|  | 기본형 | 사역형 |
|---|---|---|
| **1그룹동사**<br><br>あ단 + せる<br><br>예외　う ➡ わ | 笑う | 笑わせる |
| | 弾く | 弾かせる |
| | 泳ぐ | 泳がせる |
| | 消す | 消させる |
| | 待つ | 待たせる |
| | 死ぬ | 死なせる |
| | 選ぶ | 選ばせる |
| | 飲む | 飲ませる |
| | 座る | 座らせる |
| **2그룹동사**<br><br>る + させる | 見る | 見させる |
| | 別れる | 別れさせる |
| **3그룹동사** | 来る | 来させる |
| | 安心する | 安心させる |

| | | | | |
|---|---|---|---|---|
| 笑う 웃다 | 弾く 치다/연주하다 | 消す 지우다/끄다 | 選ぶ 선택하다 | 座る 앉다 |
| 別れる 헤어지다/이별하다 | 安心する 안심하다 | 課長 과장 | 出張 출장 | 母 엄마 |
| 公園 공원 | 野菜 야채 | 娘 딸 | 習う 배우다 | 出かける 외출하다　顔 얼굴 |
| 優しい 상냥하다 | 残業 잔업 | 少ない 적다 | 辞める 그만두다 | 熱 열　せきが出る 기침이 나오다 |

## 02 명사**를** 사역형　　　　　　　　　　　　　　　　　　　-을(를) -하게 하다

課長は田中さんを出張に行かせました。　과장님은 다나까 씨를 출장가게 했습니다.

早くうちに帰って、母を安心させました。　일찍 돌아가서, 엄마를 안심하게 했습니다.

この公園で、いつも子どもを遊ばせています。

이 공원에서 항상 아이를 놀게하고 있습니다.

## 03 명사**에** 명사**를** 사역형　　　　　　　　　　　　　-에게 -을(를) -하게 하다

子どもに野菜を食べさせています。　　　아이에게 야채를 먹게 하고 있습니다.

私は娘にピアノを習わせたいです。　　　나는 딸에게 피아노를 배우게 하고 싶습니다.

先生は私たちに夜遅くまで勉強をさせました。

선생님은 우리들에게 밤 늦게까지 공부를 시켰습니다.

## 04 ～し～し　　　　　　　　　　　　　　-이고 -이고/-인데다가 -인데다가

명　　　사 : 명사**だ**

な형용사 : 기본형

い형용사 : 기본형　　　**＋　し**

동　　　사 : 기본형

今日は雨だし、寒いし、出かけたくありません。

오늘은 비이고, 춥고, 외출하고 싶지 않습니다.

彼女は顔もきれいだし、頭もいいし、優しいです。

그녀는 얼굴도 예쁜데다가, 머리도 좋은데다가, 상냥합니다.

残業も多いし、休みも少ないし、この会社を辞めたいです。

잔업도 많고, 휴일도 적고, 이 회사를 그만두고 싶습니다.

熱もあるし、頭も痛いし、せきも出るから、今から病院に行きます。

열도 있는데다가, 머리도 아픈데다가, 기침도 나오기 때문에, 이제부터 병원에 갑니다.

# 話してみよう

**01** 다음 예와 같이 말해 보세요.

예 本を<ruby>本<rt>ほん</rt></ruby>をたくさん<ruby>読<rt>よ</rt></ruby>む

A もしあなたが<ruby>親<rt>おや</rt></ruby>だったら、<ruby>子<rt>こ</rt></ruby>どもに<ruby>何<rt>なに</rt></ruby>をさせますか。
B <ruby>本<rt>ほん</rt></ruby>をたくさん<ruby>読<rt>よ</rt></ruby>ませます。

❶ <ruby>外国語<rt>がいこくご</rt></ruby>を<ruby>習<rt>なら</rt></ruby>う

❷ <ruby>日本<rt>にほん</rt></ruby>に<ruby>留学<rt>りゅうがく</rt></ruby>する

❸ <ruby>体<rt>からだ</rt></ruby>にいい<ruby>物<rt>もの</rt></ruby>を<ruby>食<rt>た</rt></ruby>べる

❹ <ruby>自由<rt>じゆう</rt></ruby>に<ruby>遊<rt>あそ</rt></ruby>ぶ

❺ <ruby>自分<rt>じぶん</rt></ruby>の<ruby>部屋<rt>へや</rt></ruby>を<ruby>片付<rt>かたづ</rt></ruby>ける

| | | | | |
|---|---|---|---|---|
| もし 만약(에) | <ruby>親<rt>おや</rt></ruby> 부모 | <ruby>外国語<rt>がいこくご</rt></ruby> 외국어 | <ruby>習<rt>なら</rt></ruby>う 배우다 | <ruby>留学<rt>りゅうがく</rt></ruby>する 유학하다 |
| <ruby>体<rt>からだ</rt></ruby> 몸 | <ruby>物<rt>もの</rt></ruby> 것/물건 | <ruby>自由<rt>じゆう</rt></ruby>に 자유롭게 | <ruby>自分<rt>じぶん</rt></ruby> 자기 | <ruby>片付<rt>かたづ</rt></ruby>ける 정리하다/정돈하다 |

**02** 다음 예와 같이 말해 보세요.

예　学生が漢字を覚えます

A　漢字のテストがあります。どうしますか。
B　学生に漢字を覚えさせます。

❶　子どもが運動をします

A　子どもが太っています。どうしますか。

❷　後輩が仕事を手伝います

A　仕事が忙しいです。どうしますか。

❸　妹が料理を作ります

A　お腹が空きました。どうしますか。

❹　部下が迎えに来ます

A　部長が出張から帰ります。どうしますか。

| | | |
|---|---|---|
| 覚える 외우다 | 運動 운동 | 太る 살찌다 |
| 後輩 후배 | 手伝う 돕다/거들다 | 妹 여동생 |
| お腹が空く 배가 고프다 | 部下 부하 | 迎える 마중하다 |
| 部長 부장 | 出張 출장 | |

**03** 다음 예 와 같이 말해 보세요.

예 駅から近いです / 静かです / 買い物に便利です

A この家をどう思いますか。
B 駅から近いし、静かだし、買い物に便利だと思います。

❶ 軽いです / 使い方も簡単です / 値段も安いです

A このカメラをどう思いますか。

❷ 美人です / 英語もできます / とてもいいです

A 山田さんをどう思いますか。

❸ 有名な会社のものです / とても人気があります / 丈夫です

A その車をどう思いますか。

❹ おいしくありません / 高いです / 店員も親切じゃありません

A あのレストランをどう思いますか。

| | | | | | |
|---|---|---|---|---|---|
| 駅 역 | 近い 가깝다 | 静かだ 조용하다 | 買い物 쇼핑 | 家 집 | どう 어떻게 |
| 思う 생각하다 | 軽い 가볍다 | 使い方 사용 방법 | 値段 가격 | 美人 미인 | できる 할 수 있다 |
| 人気 인기 | 店員 점원 | | | | |

🔴 Track 49

**01** 다음을 듣고 맞는 것에 O표를 하세요.

|  |  | パク | <ruby>鈴木<rt>すず き</rt></ruby> |
|---|---|---|---|
| <ruby>先生<rt>せんせい</rt></ruby> | <ruby>単語<rt>たん ご</rt></ruby> |  |  |
|  | <ruby>漢字<rt>かん じ</rt></ruby> |  |  |
| <ruby>親<rt>おや</rt></ruby> | <ruby>英語<rt>えい ご</rt></ruby> |  |  |
|  | <ruby>運動<rt>うんどう</rt></ruby> |  |  |

# 36

<ruby>日<rt>に</rt></ruby><ruby>本<rt>ほん</rt></ruby>の<ruby>番<rt>ばん</rt></ruby><ruby>組<rt>ぐみ</rt></ruby>が<ruby>好<rt>す</rt></ruby>きなので、
<ruby>少<rt>すこ</rt></ruby>し<ruby>聞<rt>き</rt></ruby>き<ruby>取<rt>と</rt></ruby>れるんです。

일본 방송을 좋아하기 때문에, 조금 알아들을 수 있습니다.

## ポイント

**1** ここは禁煙なので、
　　　タバコは外で吸ってください。

**2** 手紙を出したのに、
　　　返事が来ません。

**3** このごろ仕事が大変なんです。

| | | |
|---|---|---|
| ときどき 때때로/가끔 | 大阪弁 오사카 사투리 | |
| 実は 실은 | 小学校 초등학교 | 〜に住む 〜에 살다 |
| 育つ 자라다/성장하다 | 引っ越す 이사하다 | 普段 평소 |
| 出る 나오다　イントネーション 억양 | 違う 다르다 | 聞き取る 알아듣다/청취하다 |
| バラエティー番組 예능 프로그램 | お笑い芸人 코미디언/개그맨 | 関西出身 관서지방 출신　字幕 자막 |

キム: 山田さんは、ときどき大阪弁を使いますね。

山田: わかりますか。
実は、私 小学校の時まで大阪に住んでいたんです。

キム: そうなんですか。
でも大阪で育ったのに、あまり使いませんね。

山田: 小さい時に東京に引っ越したので、普段はあまり
使わないんですが、今でもときどき出てしまいます。

キム: へえ、大阪弁はイントネーションが東京とは違って、
おもしろいです。

山田: キムさんは大阪弁が聞き取れるんですか。

キム: はい、私は日本のバラエティー番組が好きなので、
少しはわかります。

山田: ああ、日本のお笑い芸人の中には関西出身が多いですからね。

キム: はい、でも大阪弁は速くて難しいですから、いつかは
字幕を見ないで全部聞き取れるようになりたいです。

36

# 覚えよう



-이기 때문에

| 명　사 : | 出張 | な<br>じゃない<br>だった<br>じゃなかった | ので |
| --- | --- | --- | --- |

| な형용사 : | 暇 | な<br>じゃない<br>だった<br>じゃなかった | ので |
| --- | --- | --- | --- |

| い형용사 : | 忙し | い<br>くない<br>かった<br>くなかった | ので |
| --- | --- | --- | --- |

| 동　사 : | 約束が | ある<br>ない<br>あった<br>なかった | ので |
| --- | --- | --- | --- |

ここは禁煙なので、タバコは外で吸ってください。

여기는 금연이기 때문에, 담배는 밖에서 피우세요.

高いところが苦手なので、山に登りたくありません。

높은 곳은 질색이기 때문에, 산에 오르고 싶지 않습니다.

今日は仕事が多くて忙しいので、早く帰ることができません。

오늘은 일이 많아서 바쁘기 때문에, 일찍 돌아갈 수 없습니다.

雨が降っているので、道が込んでいます。

비가 내리고 있기 때문에, 길이 막히고 있습니다.

## 02  ～のに

−인데도

今日は日曜日なのに、会社に行かなければなりません。

오늘은 일요일인데도, 회사에 가지 않으면 안 됩니다.

彼女はきれいなのに、彼氏がいません。　그녀는 예쁜데도, 남자친구가 없습니다.

私も忙しいのに、先輩の仕事を手伝うことになりました。

나도 바쁜데도, 선배의 일을 돕게 되었습니다.

手紙を出したのに、返事が来ません。　편지를 보냈는데도, 답장이 오지 않습니다.

**TIP** 접속하는 방법은 [ので]와 같다.

## 03  ～んです

−인 것입니다

今日は私の誕生日なんです。　오늘은 내 생일입니다.

このごろ仕事が大変なんです。　요즘 일이 힘듭니다.

ごはんを食べすぎて、お腹が痛いんです。

밥을 지나치게 많이 먹어서, 배가 아픕니다.

どうして早く帰るんですか。　왜 일찍 돌아갑니까?

**TIP** 접속하는 방법은 [ので]와 같다.

禁煙 금연　　外 밖　　吸う (담배를) 피우다　　ところ 곳/장소　　苦手だ 질색이다/싫다

～に登る ～에 오르다　　道が込む 길이 막히다　　彼氏 남자친구　　先輩 선배

手伝う 돕다/거들다　　手紙を出す 편지를 보내다　　返事 답장　　誕生日 생일

**01** 다음 예와 같이 맞는 것에 O표 하고, 문장을 완성해 보세요.

> 예 日本語は簡単です (のので / のに) 大好きです。
> → 日本語は簡単なので大好きです。

❶ もう12月です (ので / のに) あまり寒くありません。

→ ____________________

❷ 彼女はきれいです (ので / のに) 人気があります。

→ ____________________

❸ あの店は安くておいしいです (ので / のに) いつも人が多いです。

→ ____________________

❹ 彼は日本に留学したことがあります (ので / のに) 日本語が下手です。

→ ____________________

❺ 去年は学生でした (ので / のに) お金がありませんでした。

→ ____________________

❻ 旅行に行きたかったです (ので / のに) 休みが取れませんでした。

→ ____________________

❼ 風邪を引いてしまいました (ので / のに) 今日は早く寝ます。

→ ____________________

❽ 昔は地味でした (ので / のに) おしゃれになりました。

→ ____________________

Track 51

**O2** 다음 예 와 같이 말해 보세요.

예 **コーヒーが出ません / お金を入れました**

A コーヒーが出ないんですか。

B はい、お金を入れたのに、出ないんです。

❶ **風邪が治りません / 薬を飲みました**

❷ **眠いです / 昨日早く寝ました**

❸ **その料理はおいしくありません / 高いです**

❹ **日本語が下手です / 日本に住んでいます**

36

| | | | | |
|---|---|---|---|---|
| 人気 인기 | 去年 작년 | 休みを取る 휴가를 받다 | 風邪を引く 감기 걸리다 | 昔 옛날 |
| 地味だ 수수하다 | おしゃれだ 세련되다 | 入れる 넣다 | 治る 낫다/치료되다 | 眠い 졸리다 |

**03** 다음 <예>와 같이 말해 보세요.

예　会社を辞めます　/　留学に行きます
A　どうして会社を辞めるんですか。
B　留学に行くので、会社を辞めるんです。

❶　朝ごはんを食べません　/　時間がありません

❷　引っ越したいです　/　会社が遠いです

❸　ダイエットをしています　/　もうすぐ夏です

❹　彼が嫌いです　/　わがままです

❺　遅れました　/　地下鉄が来ませんでした

| | | | |
|---|---|---|---|
| 辞める 그만두다 | 時間 시간 | 引っ越す 이사하다 | もうすぐ 이제 곧 |
| わがままだ 제멋대로다 | 遅れる 늦다 | | |

**01** 다음을 듣고 맞는 것에 O표를 하세요.

| 예 | O | X |
|---|---|---|
|  | O |  |
| ❶ | O | X |
| ❷ | O | X |
| ❸ | O | X |

# 昨日課長に残業させられました。

어제 과장님에 의해서 어쩔 수 없이 야근을 했습니다.

## ポイント

1. 上司に歌を歌わされました。
2. 会議はまだ始まっていません。

疲れる 피곤하다　課長 과장

残業する 잔업하다　夜中 한밤중

ずっと 계속/쭉　帰り 귀가　遅い 늦다

部長 부장　海外出張 해외출장　準備 준비　できる 되다

一人で 혼자서　新入社員 신입사원　後輩 후배　報告書 보고서

ずいぶん 몹시/대단히/많이　かかる 걸리다　入社する 입사하다

〜に慣れる 〜에 숙달되다/〜에 길들여지다　資料 자료　調べる 조사하다　社会生活 사회생활

山田： キムさん、疲れているようですね。

キム： ええ、昨日課長に残業させられて、夜中2時に帰ったんですよ。

山田： へえ、2時ですか。最近ずっと帰りが遅いんですね。

キム： はい、今日から部長が海外出張に行くんですが、その準備が
まだできていなくて、仕事をさせられたんです。

山田： キムさん一人でその準備をしたんですか。

キム： いいえ、課長と新入社員の後輩と3人でしました。
私は課長に報告書を書かされましたが、ずいぶん時間が
かかってしまって、大変でした。

山田： 後輩は何をしたんですか。

キム： 後輩は入社したばかりなので、まだ仕事に慣れていないのに、
課長に資料を調べさせられて、大変だったようです。

山田： 社会生活は大変ですね。

# 覚えよう

## 01 명사에 사역수동형
−에 의해 어쩔 수 없이 −하다

|  | | 기본형 | 사역수동형 |
|---|---|---|---|
| 1그룹동사 | あ단 + される / せられる<br>예외 う ➡ わ<br>**단 [す]로 끝나는 동사는 [される]를 붙일 수 없다. | 手伝う | 手伝わされる |
| | | 払う | 払わされる |
| | | 行く | 行かされる |
| | | 泳ぐ | 泳がされる |
| | | 消す | 消させられる |
| | | 持つ | 持たされる |
| | | 選ぶ | 選ばされる |
| | | 飲む | 飲まされる |
| | | 作る | 作らされる |
| 2그룹동사 | る + させられる | 調べる | 調べさせられる |
| | | 片付ける | 片付けさせられる |
| 3그룹동사 | | 来る | 来させられる |
| | | 発表する | 発表させられる |

母にピーマンを無理やり食べさせられました。

엄마가 시켜서 어쩔 수 없이 피망을 억지로 먹었습니다.

私は歌が苦手なのに、上司に歌を歌わされました。

나는 노래를 못하는데도, 상사가 시켜서 어쩔 수 없이 불렀습니다.

練習したくないのに、先生に毎日バイオリンの練習をさせられています。

연습하고 싶지 않은데도, 선생님이 시켜서 어쩔 수 없이 매일 바이올린 연습을 하고 있습니다.

## 02 まだ～ていません



昼ごはんはまだ食べていません。

점심은 아직 먹지 않았습니다.

会議はまだ始まっていません。

회의는 아직 시작되지 않았습니다.

田中さんはまだ来ていません。

다나까 씨는 아직 오지 않았습니다.

手伝う 돕다　　払う 지불하다　　消す 지우다/끄다　　持つ 들다/가지다

選ぶ 고르다/선택하다　　調べる 조사하다　　片付ける 정리하다　　発表する 발표하다

無理やり 무리하게/억지로　　苦手だ 질색이다　　上司 상사　　バイオリン 바이올린

練習 연습　　会議 회의　　始まる 시작되다

**01** 다음 예 와 같이 말해 보세요.

예 大学の時 / サークルの先輩 / 朝までお酒を飲む

A 大学の時、サークルの先輩に何をさせられましたか。

B 大学の時、サークルの先輩に朝までお酒を飲まされました。

❶ デートの時 / 彼女 / 高いかばんを買う

❷ 高校の時 / 先生 / 毎日漢字の試験を受ける

❸ 入社したばかりの時 / 上司 / 毎日夜遅くまで働く

❹ 飲み会の時 / 友だち / 隣の席からお酒をもらってくる

| | | |
|---|---|---|
| サークル 서클 | 先輩 선배 | 試験を受ける 시험을 치다 |

入社する 입사하다　　上司 상사

働く 일하다　　飲み会 회식　　席 자리

Track 54

## 02 다음 예와 같이 말해 보세요.

예 宿題 / 出す

A 宿題はもう出しましたか。

B はい、もう出しました。

いいえ、まだ出していません。

❶ 仕事 / 終わる

❷ 飛行機 / 予約する

❸ この課の単語 / 覚える

❹ 先生に借りた本 / 読む

❺ 旅行先 / 決める

37

| | | | | |
|---|---|---|---|---|
| 宿題 숙제 | 出す 내다/제출하다 | 終わる 끝나다 | 飛行機 비행기 | 予約する 예약하다 |
| 課 과 | 借りる 빌리다 | 旅行先 여행지 | 決める 결정하다 | |

# 聞いてみよう

들어보자

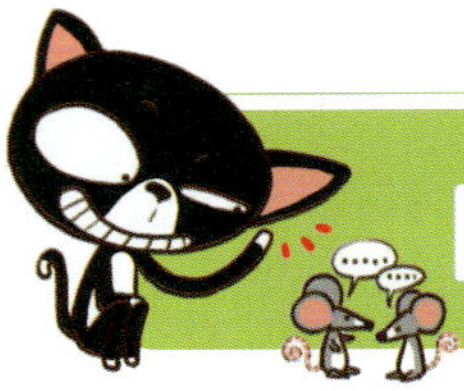

Track 55

**01** 다음을 듣고 그림에서 각각에 맞는 번호를 전부 써 넣으세요.

| 내가 한 일 | 부하가 한 일 |
| --- | --- |
| | |

❶

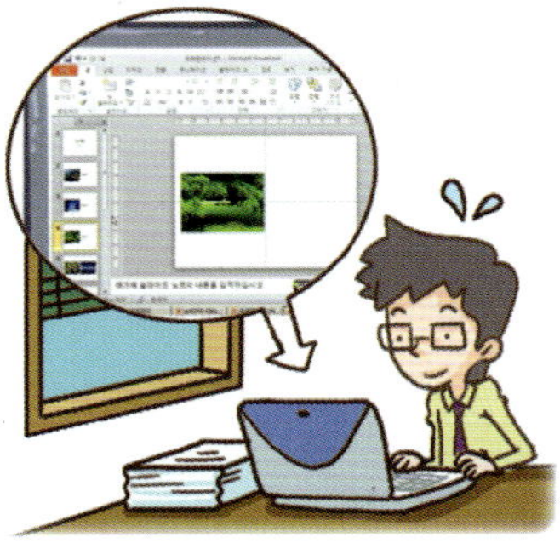

❷

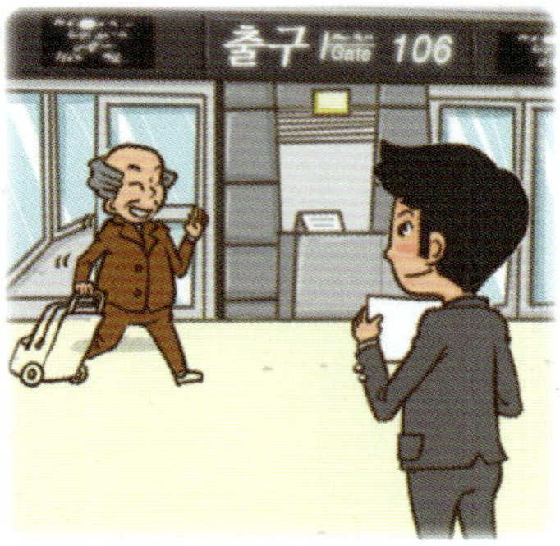


❸

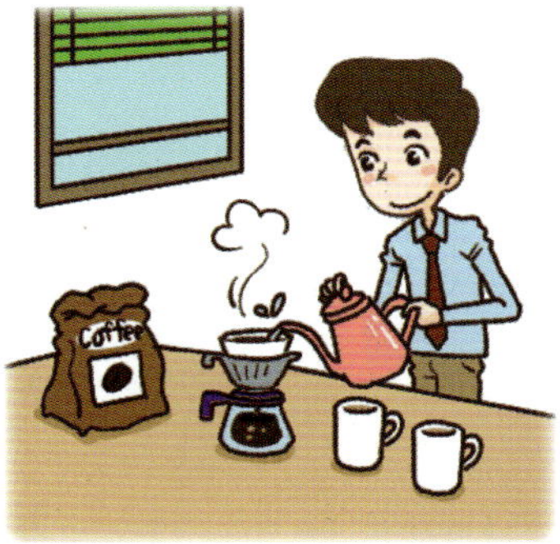


❹

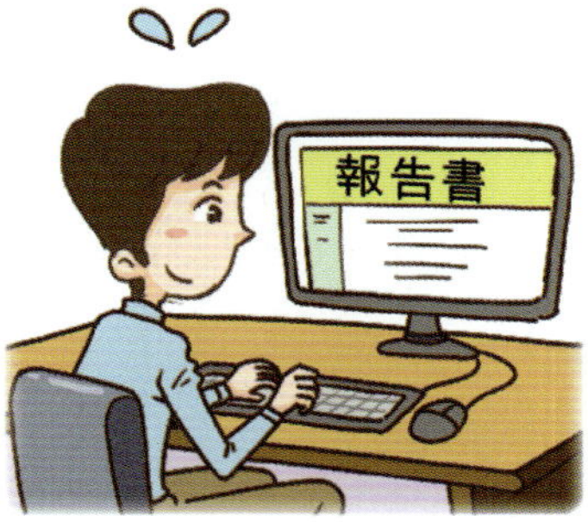


❺

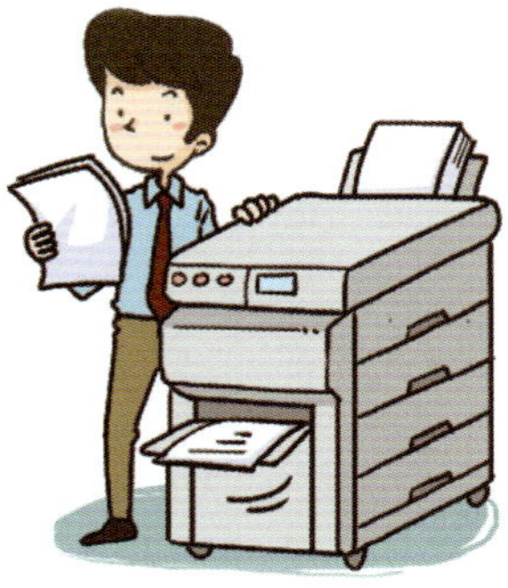

❻

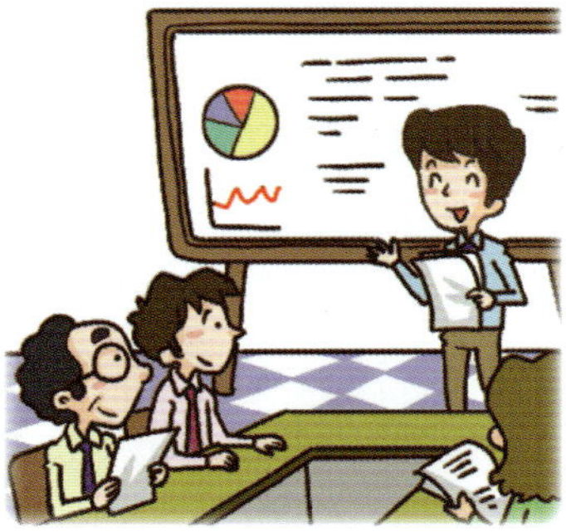

🔊 **Track** 56

あなたは日本の居酒屋にある「飲み放題」というシステムを知っていますか。
　時間制限はあるけど、決められた飲み物はその時間以内なら、何杯でも飲むことができるシステムです。飲み物の種類も、いろいろな材料から作られたお酒やカクテル、ビールなどがたくさんあるから、好きなものを選んで飲むことができるんです。
時間制限があるので、ゆっくりはできないけど、少ないお金で、たくさん飲みたい時はとてもいいと思います。
　飲み放題に来る人の中には、飲みすぎてしまう人もいるそうです。実は私も飲み放題に行って飲みすぎてしまったことがあるんです。その時は、あまり飲みたくなかったのに先輩にお酒をたくさん飲まされて、大変でした。あまりお酒が強くないし、まだごはんも食べていなかったので、すぐに酔っ払ってしまって、みんなに笑われました。
　あの時は本当に大変だったので、私は後輩に無理にお酒を飲ませないことにしました。体のためにも飲みすぎはよくないし、何でも無理にさせてはいけないと思うからです。

★ 위의 내용과 맞으면 O표, 틀리면 X표를 하세요.

❶ 飲み放題では居酒屋にあるお酒なら何でも飲めます。（　　）

❷ 飲み放題ではたくさん飲んでもいいですが、時間は決められています。（　　）

❸ 飲み放題では飲みすぎる人がいるそうです。（　　）

**37**

| | | | | |
|---|---|---|---|---|
| 居酒屋 일본식 술집 | 飲み放題 술 무한 리필 | 知る 알다 | 制限 제한 | 決める 정하다 |
| 以内 이내 | 何杯でも 몇 잔이라도 | 種類 종류 | いろいろな 여러 가지 | 材料 재료 |
| カクテル 칵테일 | 選ぶ 고르다/선택하다 | 少ない 적다 | お金 돈　実は 실은 | すぐに 곧 |
| 酔っ払う 만취하다 | 笑う 웃다 | 無理に 무리하게 | 体 몸　飲みすぎ 과음 | 思う 생각하다 |

# 38

# <ruby>薬<rt>くすり</rt></ruby>を<ruby>飲<rt>の</rt></ruby>んでみたらどうですか。

약을 먹어 보는 것이 어떻습니까?

## ポイント

**❶** <ruby>早<rt>はや</rt></ruby>く<ruby>病院<rt>びょういん</rt></ruby>に<ruby>行<rt>い</rt></ruby>っ<u>た<ruby>方<rt>ほう</rt></ruby>がいいです</u>。

**❷** <ruby>今日<rt>きょう</rt></ruby>は<ruby>無理<rt>むり</rt></ruby>し<u>ない<ruby>方<rt>ほう</rt></ruby>がいいです</u>。

**❸** <ruby>友<rt>とも</rt></ruby>だちに<ruby>相談<rt>そうだん</rt></ruby>し<u>たらどうですか</u>。

**❹** このスカートを
　　　　<ruby>履<rt>は</rt></ruby>い<u>てみてもいいですか</u>。

| | | |
|---|---|---|
| <ruby>大丈夫<rt>だいじょうぶ</rt></ruby>だ 괜찮다 | <ruby>体<rt>からだ</rt></ruby>がだるい 몸이 나른하다 | |
| <ruby>食欲<rt>しょくよく</rt></ruby> 식욕 | なかなか 좀처럼 | <ruby>治<rt>なお</rt></ruby>る 낫다 |
| それに 게다가 | <ruby>吐<rt>は</rt></ruby>き<ruby>気<rt>け</rt></ruby>がする 구역질이 나다/메슥거리다 | それなら 그렇다면 |
| <ruby>病院<rt>びょういん</rt></ruby> 병원 | バイト<ruby>先<rt>さき</rt></ruby> 아르바이트 하는 장소 | これから 이제부터　<ruby>迎<rt>むか</rt></ruby>える 마중하다 |

山田: もしもし、キムさん、今電話大丈夫ですか。

キム: はい、大丈夫ですよ。どうしたんですか。

山田: 2、3日前から体がだるくて、食欲もないんです。

キム: それは大変ですね。薬を飲んでみたらどうですか。

山田: 薬はもう飲みましたけど、なかなか治らなくて…。
それに今日は吐き気もするんです。

キム: それなら、早く病院に行った方がいいですよ。
私がよく行く病院がありますから、一緒に行ってみましょう。

山田: でも、今日はバイトがありますから…。

キム: 無理しない方がいいですよ。
今日はバイトを休んで病院に行きましょう。

山田: わかりました。バイト先に電話してみます。

キム: これから迎えに行きますから、うちで待っていてください。

# 覚えよう

## 01 ～た方がいいです



話す練習をする前に、先に単語を覚えた方がいいです。

말하는 연습을 하기 전에, 먼저 단어를 외우는 편이 좋습니다.

具合が悪い時は無理をしないで、ゆっくり休んだ方がいいです。

몸 상태가 안 좋을 때는 무리를 하지 말고, 푹 쉬는 편이 좋습니다.

電車に乗り遅れそうですから、少し急いだ方がいいです。

전철을 놓칠 것 같기 때문에, 조금 서두르는 편이 좋습니다.

## 02 ～ない方がいいです



雪が降っているから、車で来ない方がいいです。

눈이 내리고 있기 때문에, 차로 오지 않는 편이 좋습니다.

この道は危ないので、夜は一人で歩かない方がいいです。

이 길은 위험하기 때문에, 밤에는 혼자서 걷지 않는 편이 좋습니다.

日本語が上手になるためには、授業を休まない方がいいです。

일본어를 잘 하게 되기 위해서는, 수업을 쉬지 않는 편이 좋습니다.

## 03  ～たらどうですか
–하는 것이 어떻습니까?

休みがほしければ、上司に頼んでみ**たらどうですか**。
휴가를 갖고 싶다면, 상사에게 부탁해 보는 것이 어떻습니까?

遅れないように、タクシーで行っ**たらどうですか**。
늦지 않도록, 택시로 가는 것이 어떻습니까?

将来のために、毎月少しずつお金を貯め**たらどうですか**。
장래를 위해서, 매월 조금씩 돈을 저축하는 것이 어떻습니까?

## 04  ～てみる
–해 보다

このスカートを履い**てみてもいいですか**。　　이 스커트를 입어 봐도 됩니까?

日本の温泉に行ったら、旅館に泊まっ**てみたいです**。
일본 온천에 간다면, 여관에 묵어 보고 싶습니다.

安い服なら、インターネットで探し**てみたらどうですか**。
싼 옷이라면, 인터넷에서 찾아보는 것이 어떻습니까?

| | | | |
|---|---|---|---|
| 練習 연습 | 先に 먼저 | 具合が悪い 몸 상태가 나쁘다 | 無理 무리 |
| ゆっくり休む 푹 쉬다 | 乗り遅れる 놓치다 | 道 길 | 危ない 위험하다 | 一人で 혼자서 |
| 歩く 걷다 | 上司 상사 | 頼む 부탁하다 | 将来 장래 | 毎月 매월 |
| ～ずつ ～씩 | 貯める 저축하다/모으다 | スカート 스커트 | 履く 입다/신다 | 温泉 온천 |
| 旅館 여관 | ～に泊まる ～에 묵다/머물다 | 服 옷 | 探す 찾다 |

**01** 다음 예와 같이 말해 보세요.

예 **のどが痛いです / うがいをします / 大きい声で話しません**

A どうしたんですか。

B のどが痛いんです。

A それなら、うがいをした方がいいですよ。

それなら、大きい声で話さない方がいいですよ。

❶ お腹の調子が悪いです / 薬を飲みます / 冷たいものを食べすぎません

❷ ストレスがたまっています / 好きな物を食べたり、遊んだりします /
今日は仕事をしません

❸ 風邪です / 早く病院に行きます / 今日は出かけません

❹ 日本語の会話が下手です / 日本人の友だちを作ります /
授業中、韓国語を使いません

| | | |
|---|---|---|
| のど 목 | うがいをする 가글을 하다 | 声 (목)소리 | お腹 배 | 調子 상태 |
| 冷たい 차갑다 | ストレス 스트레스 | たまる 쌓이다 | 出かける 외출하다 | 会話 회화 |

## 02 다음 예와 같이 말해 보세요.

예 単語の意味がわかりません / 辞書で調べます

A どうしたんですか。

B 単語の意味がわからないんです。

A それなら、辞書で調べたらどうですか。

B わかりました。辞書で調べてみます。

❶ 恋人がほしいのに、なかなかできません / 友だちに相談する

❷ 日本の会社に就職したいです / 今度、あの会社の面接を受けます

❸ 明日の発表が心配です / もう一度資料をチェックします

❹ 日本語の聞き取りが下手です / 毎日CDを聞きながら練習します

| | | | | |
|---|---|---|---|---|
| 意味 의미 | 調べる 조사하다 | なかなか 좀처럼 | できる 생기다 | 相談する 상담하다 |
| 就職する 취직하다 | 今度 이번에/다음에 | 面接を受ける 면접을 보다 | 発表 발표 | |
| 心配 걱정 | もう一度 다시 한 번 | 資料 자료 | 聞き取り 청취/듣기 | |

Track 59

**01** 다음을 듣고 맞는 것에 O표를 하세요.

|  | a | b | c |
|---|---|---|---|
| 예 |  |  | O |
| 1 |   |   |   |
| 2 |   |   |   |
| 3 |   |   |   |

# お正月に飾るもの

**Q 퀴즈** : 일본 설날에 집 안밖에 장식하는 물건이 아닌 것은 무엇일까요?

**❶ 鏡餅**

**❷ 門松**

**❸ しめ縄**

**❹ 神棚**

鏡餅는 지방에 따라 조금씩 다르지만, 12월 28일경에 장식해서 1월 4일경까지 장식하는 설날의 대표적인 장식중의 하나로, 그 해의 신에게 바치는 음식이다. 둥근 모양의 떡을 드리는 이유는 거울이나 혼의 형태를 모방한 것이라고 하는 데, 거울도 예전에는 신에게 드리는 물건이었기 때문에 거울의 형태를 따온 것이라고 한다. 바쳐진 이 떡에 그 해의 신의 혼이 들어가 있다고 한다.

門松도 집 앞에 대나무와 소나무로 장식하는 설날의 대표적인 장식이다. 그 해의 신을 맞이할 때, 신이 내려와서 머무는 곳이라고 한다. 12월 29일에 장식하면 [9]의 [苦], 소나무의 [松]의 발음이 [기다리다]의 [待つ]와 같아서 [고통을 기다리다]라는 의미가 되기 때문에 29일에는 절대로 장식하지 않는다.

しめ縄도 현관에 매는 금줄로 설날의 대표적인 장식중의 하나이다. 신이 머무는 신성한 영역을 구별하기 위해서 매는 줄로, 주변의 부정함을 씻어내고, 재앙 등의 침입을 막아준다고 한다.

神棚는 신사에서 받은 부적을 집이나 사무실 등에서 받들어 모시는 선반으로 설날에 장식하는 것과는 관계가 없다.

38

# 39

<ruby>彼女<rt>かのじょ</rt></ruby>ができたらしいですよ。

여자친구가 생긴 것 같습니다.

## ポイント

1. アルバイトは<ruby>思<rt>おも</rt></ruby>ったより<ruby>大変<rt>たいへん</rt></ruby>らしいです。

2. <ruby>男<rt>おとこ</rt></ruby>らしい<ruby>人<rt>ひと</rt></ruby>と<ruby>付<rt>つ</rt></ruby>き<ruby>合<rt>あ</rt></ruby>いたいです。

3. あの<ruby>人<rt>ひと</rt></ruby>はお<ruby>金持<rt>かねも</rt></ruby>ちかもしれません。

4. <ruby>夕方<rt>ゆうがた</rt></ruby>には<ruby>雨<rt>あめ</rt></ruby>がやむでしょう。

| | | |
|---|---|---|
| できる 생기다 | <ruby>全然<rt>ぜんぜん</rt></ruby> 전혀 | |
| <ruby>知<rt>し</rt></ruby>り<ruby>合<rt>あ</rt></ruby>う 서로 알게 되다 | <ruby>同僚<rt>どうりょう</rt></ruby> 동료 | <ruby>紹介<rt>しょうかい</rt></ruby>する 소개하다 |
| <ruby>相手<rt>あいて</rt></ruby> 상대 <ruby>本当<rt>ほんとう</rt></ruby>に 정말로 | <ruby>女<rt>おんな</rt></ruby>らしい 여자답다 もともと 원래 | <ruby>理想<rt>りそう</rt></ruby>の<ruby>人<rt>ひと</rt></ruby> 이상형 |
| 〜に<ruby>夢中<rt>むちゅう</rt></ruby>だ 〜에 빠지다/〜에 열중하다 | <ruby>幸<rt>しあわ</rt></ruby>せだ 행복하다 | <ruby>結婚<rt>けっこん</rt></ruby> 결혼 <ruby>言<rt>い</rt></ruby>う 말하다 |

山田: キムさん、聞きましたか。
　　　パクさん、彼女ができたらしいですよ。

キム: へえ、全然知りませんでした。どこで知り合ったんですか。

山田: 会社の同僚に紹介してもらったらしいです。

キム: 相手はどんな人なんですか。

山田: 優しくてきれいで、本当に女らしい人だそうですよ。

キム: ああ、パクさんはもともと女らしい人が好きですから、
　　　理想の人ですね。

山田: はい、それでパクさんは今彼女に夢中らしいですよ。

キム: そうですか。それなら、今パクさんはとても幸せでしょう。

山田: そうですね。パクさんは前から早く結婚したいと言って
　　　いましたから、結婚も早いかもしれませんね。

キム: え、それはまだ早すぎるでしょう。

# 覚えよう

## 01　～らしい


| 명사 : | 試験<br>(しけん) | じゃない<br>だった<br>じゃなかった | らしい |

| な형용사 : | おしゃれ | だ<br>じゃない<br>だった<br>じゃなかった | らしい |

| い형용사 : | 厳し<br>(きび) | い<br>くない<br>かった<br>くなかった | らしい |

| 동　사 : | 雨が<br>(あめ) | 降る<br>降らない<br>降った<br>降らなかった | らしい |

## 02　명사+らしいです


今日(きょう)は風(かぜ)もなくて暖(あたた)かいので、春(はる)らしいです。

오늘은 바람도 없고 따뜻하기 때문에, 봄 답습니다.

男(おとこ)らしい人(ひと)と付(つ)き合(あ)いたいです。　남자다운 사람과 사귀고 싶습니다.

田中(たなか)さんは明(あか)るくて元気(げんき)なのに、今日(きょう)は静(しず)かで田中(たなか)さんらしくありません。

다나까 씨는 밝고 건강한데도, 오늘은 조용해서 다나까 씨답지 않습니다.

## 03  ～かもしれません
–일지도 모릅니다

あの二人はよく似ていますから、兄弟かもしれません。
저 두 사람은 아주 닮았기 때문에, 형제일지도 모릅니다.

彼女は外食が多いので、料理が苦手かもしれません。
그녀는 외식이 많기 때문에, 요리가 서투를지도 모릅니다.

あの先輩たちは全然話しませんから、仲が悪いかもしれません。
저 선배들은 전혀 얘기하지 않기 때문에, 사이가 나쁠지도 모릅니다.

今日は平日だから、道が空いているかもしれません。
오늘은 평일이기 때문에, 길이 한산할지도 모릅니다.

**TIP** 접속하는 방법은 [らしい]와 같다.

## 04  ～でしょう
–이겠지요

このケータイは朝からここにあるから、忘れ物でしょう。
이 휴대폰은 아침부터 여기에 있기 때문에, 분실물이겠지요.

中村さんはアメリカに住んでいたから、英語が上手でしょう。
나까무라 씨는 미국에 살았기 때문에, 영어를 잘하겠지요.

この部屋は駅から遠いし、古いから家賃は安いでしょう。
이 방은 역에서 먼데다가, 낡았기 때문에 집세는 싸겠지요.

夕方には雨がやむでしょう。
저녁 무렵에는 비가 그치겠지요.

**TIP** 접속하는 방법은 [らしい]와 같다.

| | | | | |
|---|---|---|---|---|
| 試験 시험 | おしゃれだ 세련되다 | 厳しい 엄하다 | 風 바람 | 暖かい 따뜻하다　春 봄 |
| 男 남자 | 付き合う 사귀다 | 明るい 밝다 | 静かだ 조용하다 | 似る 닮다　兄弟 형제 |
| 外食 외식 | 苦手だ 서툴다 | 仲 사이 | 平日 평일 | 道が空く 길이 한산하다 |
| 忘れ物 분실물 | 家賃 집세 | 夕方 저녁 무렵 | やむ 그치다 | |

## 話してみよう

**01** 다음 예와 같이 말해 보세요.

예 あのパン屋は人気があります / パンがやわらかくておいしいです

A あのパン屋は人気があるらしいですね。

B そうですね。パンがやわらかくておいしいらしいですよ。

❶ 彼は最近日本語が上手になりました / 彼女が日本人です

❷ 田中さんが会社を辞めます / お父さんの会社を手伝うつもりです

❸ パクさんは引っ越しました / うちが遠くて大変でした

❹ あの二人は別れました / 性格が合いませんでした

| | | | | |
|---|---|---|---|---|
| パン屋 빵집 | やわらかい 부드럽다 | 辞める 그만두다 | 手伝う 돕다 | 引っ越す 이사하다 |
| 別れる 헤어지다 | 性格 성격 | 合う 맞다 | おしゃれだ 세련되다 | 本当に 정말로 | 発音 발음 |
| アナウンサー 아나운서 | 着物 기모노 | 大人しい 얌전하다 | 子 아이 | 化粧 화장 | 中学生 중학생 |
| 今年 올해 | キャロル 캐롤 | 聞こえる 들리다 | 好き嫌い 좋고 싫음 | 大人 어른 |

Track 61

## 02 다음 예와 같이 말해 보세요.

예1 森さん / いつもおしゃれです / モデル

A 森さんはいつもおしゃれですね。

B そうですね。本当にモデルらしいですね。

❶ 彼女 / 発音がいいです / アナウンサー

❷ 鈴木さんの子ども / 元気です / 子ども

❸ 京都 / 着物を着ている人が多いです / 日本

예2 田中さんの子ども / 大人しいです / 子ども

A 田中さんの子どもは大人しいですね。

B そうですね。あまり子どもらしくありませんね。

❹ あの子 / 化粧をしています / 中学生

❺ 今年 / キャロルがあまり聞こえません / クリスマス

❻ 彼 / 食べ物の好き嫌いが多いです / 大人

## 03 다음 예 와 같이 말해 보세요.

예 午後は晴れます

A 午後は晴れるでしょうか。

B 晴れるかもしれません。

晴れないかもしれません。

❶ 今度の試験に受かります

❷ あの人はお金持ちです

❸ 大学の時、田中さんは真面目でした

❹ 高校の時、彼は人気がありました

午後 오후　　晴れる 맑다　　今度 이번에　　〜に受かる 〜에 붙다/합격하다

相手 상대　　新婚旅行 신혼여행

**Track** 62

**01** 다음을 듣고 맞는 것에 O표를 하세요.

# 40

# パーティーの料理は作ってありますか。

<ruby>料理<rt>りょう り</rt></ruby> <ruby>作<rt>つく</rt></ruby>

파티 요리는 만들어져 있습니까?

## ポイント

1 車が走っています。
<ruby>車<rt>くるま</rt></ruby> <ruby>走<rt>はし</rt></ruby>

2 財布が落ちています。
<ruby>財布<rt>さい ふ</rt></ruby> <ruby>落<rt>お</rt></ruby>

3 部屋を片付けています。
<ruby>部屋<rt>へ や</rt></ruby> <ruby>片付<rt>かた づ</rt></ruby>

4 仕事のために、パソコンがつけてあります。
<ruby>仕事<rt>し ごと</rt></ruby>

5 会議の前に資料を集めておきます。
<ruby>会議<rt>かい ぎ</rt></ruby> <ruby>前<rt>まえ</rt></ruby> <ruby>資料<rt>し りょう</rt></ruby> <ruby>集<rt>あつ</rt></ruby>

| | | |
|---|---|---|
| あと 앞으로 | ～で ~이면 | |
| いよいよ 마침내/드디어 | 卒業パーティー 졸업파티 | |
| ちゃんと 꼼꼼하게/틀림없이 | 準備 준비 | できている 되어 있다 |
| 確認する 확인하다 | 注文する 주문하다 | それから 그리고 |
| 他 다른 | 頼む 부탁하다 | 大丈夫だ 괜찮다 | 冷やす 식히다/차게 하다 |
| さっき 아까/조금 전 | 入れる 넣다 | 電池 건전지 | 入る 들어가다 | 楽しみだ 기대되다 |

鈴木: キムさん、あと1時間で、いよいよ山田さんの
卒業パーティーですね。

キム: そうですね。じゃあ、ちゃんと準備ができているか、
確認してみましょう。料理はどうなっていますか。

鈴木: ピザは少し前に注文しておきました。それから、
他の料理は今佐藤さんとパクさんが作っています。

キム: ケーキは買ってありますか。

鈴木: アンさんに買って来るように頼んでありますから、
大丈夫です。

キム: わかりました。ビールは冷やしてありますか。

鈴木: ええ、さっき入れておきました。

キム: 食べ物は全部大丈夫ですね。デジカメの電池は入っていますか。

鈴木: さっき確認してみましたが、入っていましたよ。

キム: それじゃ、準備はできましたね。楽しみです。

# 覚えよう

## 01 자동사 + ている (진행, 상태)　　　　　　　　　　　　　　　　　　　−하고 있다 / −해져 있다

車が走っています。　　　　　　　　　　　　　　　　차가 달리고 있습니다.(진행)

子どもが泣いています。　　　　　　　　　　　　　　아이가 울고 있습니다.(진행)

財布が落ちています。　　　　　　　　　　　　　　　지갑이 떨어져 있습니다.(상태)

昨日の台風で、木が倒れています。　　　어제 태풍으로 나무가 쓰러져 있습니다.(상태)

電気がついていませんから、誰もいないと思います。

불이 켜 있지 않기 때문에, 아무도 없을 거라고 생각합니다.(상태)

## 02 타동사 + ている (진행)　　　　　　　　　　　　　　　　　　　　　　　−하고 있다

妹は今、部屋を片付けています。　　　　　여동생은 지금 방을 정리하고 있습니다.

お客さんが来るので、料理を作っています。

손님이 오기 때문에, 요리를 만들고 있습니다.

あそこでコーヒーを飲んでいる人が田中さんです。

저기에서 커피를 마시고 있는 사람이 다나까 씨입니다.

彼はめがねをかけて、帽子をかぶっています。

그는 안경을 끼고, 모자를 쓰고 있습니다.

私はスーツを着ている人が好きです。　　　나는 정장을 입은 사람을 좋아합니다.

**TIP** 몸에 착용하는 동사는 [타동사 + ている]로 [상태]를 나타낼 수 있다.

## 03  ～が타동사 + てある (상태)  —가 해져 있다

花を飾りました。それで、花が飾ってあります。

꽃을 장식했습니다. 그래서 꽃이 장식되어 있습니다.

まだ仕事が残っているので、パソコンがつけてあります。

아직 일이 남아 있기 때문에, 컴퓨터가 켜져 있습니다.

約束を忘れないように、壁にメモが貼ってあります。

약속을 잊지 않도록, 벽에 메모가 붙여져 있습니다.

## 04  타동사 + ておく  —해 놓다

友だちが遊びに来る前に、部屋を掃除しておきます。

친구가 놀러 오기 전에, 방을 청소해 놓습니다.

旅行に行く前に、ホテルを予約しておいた方がいいです。

여행 가기 전에, 호텔을 예약해 놓는 편이 좋습니다.

次の会議までに、この問題について考えておいてください。

다음 회의까지, 이 문제에 대해서 생각해 놓으세요.

| | | | | | |
|---|---|---|---|---|---|
| 走る 달리다 | 泣く 울다 | 落ちる 떨어지다 | 台風 태풍 | 木 나무 | 倒れる 쓰러지다 |
| 電気 전기 | つく 켜지다 | 妹 여동생 | 片付ける 정리하다 | | お客さん 손님 |
| めがねをかける 안경을 끼다 | | 帽子をかぶる 모자를 쓰다 | | スーツ 정장 | 飾る 장식하다 |
| 残る 남다 | つける 켜다 | 壁 벽 | メモ 메모 | 貼る 붙이다 | 掃除する 청소하다 |
| 次 다음 | 問題 문제 | ～について ～에 대해서 | | 考える 생각하다 | |

**01** 다음 그림을 보고 [자동사＋ている]로 상태를 표현해 보세요.

| | | | | | | | |
|---|---|---|---|---|---|---|---|
| 消<sup>け</sup>す | 消<sup>き</sup>える | 壊<sup>こわ</sup>す | 壊<sup>こわ</sup>れる | 閉<sup>し</sup>まる | 閉<sup>し</sup>める | つける | つく |
| 開<sup>あ</sup>ける | 開<sup>あ</sup>く | 汚<sup>よご</sup>れる | 汚<sup>よご</sup>す | 倒<sup>たお</sup>れる | 倒<sup>たお</sup>す | 落<sup>お</sup>ちる | 落<sup>お</sup>とす |

예　ドア　→　ドアが閉<sup>し</sup>まっています。

❶ 窓<sup>まど</sup>

❷ カレンダー

❸ テレビ

❹ 本<sup>ほん</sup>

❺ 電気<sup>でんき</sup>

❻ 服<sup>ふく</sup>

消<sup>け</sup>す 끄다　　消<sup>き</sup>える 꺼지다　　壊<sup>こわ</sup>す 망가뜨리다　　壊<sup>こわ</sup>れる 망가지다　　閉<sup>し</sup>まる 닫히다　　閉<sup>し</sup>める 닫다

つける 켜다　　つく 켜지다　　開<sup>あ</sup>ける 열다　　開<sup>あ</sup>く 열리다　　汚<sup>よご</sup>れる 더러워지다　　汚<sup>よご</sup>す 더럽히다

倒<sup>たお</sup>れる 쓰러지다　　倒<sup>たお</sup>す 쓰러뜨리다　　落<sup>お</sup>ちる 떨어지다　　落<sup>お</sup>とす 떨어뜨리다

🔊 Track 64

**02** 다음 그림을 보고 [타동사+てある]로 상태를 표현해 보세요.

| | | | | | | | |
|---|---|---|---|---|---|---|---|
| 消す | 消える | 壊す | 壊れる | 閉まる | 閉める | つける | つく |
| 開ける | 開く | 洗う | 磨く | 並べる | 並ぶ | かかる | かける |

예　ドア　→　ドアを開けました。それで、ドアが開けてあります。

**❶** 窓

**❷** カレンダー

**❸** テレビ

**❹** 本

**❺** 電気

**❻** 服

洗う 씻다　　磨く 닦다　　並べる 배열하다　　並ぶ 줄서다　　かかる 걸리다

かける 걸다　　窓 창문　　カレンダー 달력

## 03 다음 예와 같이 말해 보세요.

예　友だちが遊びに来る ／ 果物やお菓子を買う

A 友だちが遊びに来る前に、何をしておきますか。
B 果物やお菓子を買っておきます。

❶ 山登りに行く ／ 地図を見る

❷ パーティーをする ／ ワインを冷やす

❸ 就職面接を受ける ／ その会社について調べる

❹ 会議 ／ 資料を集める

❺ 試験 ／ 習ったことを復習する

| | | | |
|---|---|---|---|
| 果物 과일 | お菓子 과자 | 山登り 등산 | 地図 지도 |
| 冷やす 식히다/차게 하다 | 就職面接 취직 면접 | ～について ～에 대해서 | 調べる 조사하다 |
| 資料 자료 | 集める 모으다 | 復習する 복습하다 | |

# 聞いてみよう



🔘 **Track** 65

**01** 다음 내용을 듣고, 해당하는 곳에 표시해서 맞는 그림을 찾아보세요.

|  | a | b | c |
|---|:---:|:---:|:---:|
| 예 お皿とコップ | O | O | O |
| ❶ 花 |  |  |  |
| ❷ 窓 |  |  |  |
| ❸ エアコン |  |  |  |
| ❹ ワイン |  |  |  |
| ❺ 果物 |  |  |  |

開く
열리다

開ける
열다

閉まる
닫히다

閉める
닫다

入る
들어가다

入れる
넣다

出る
나가다

出す
내보내다

つく
켜지다

つける
켜다

消える
꺼지다

消す
끄다

起きる
일어나다

起こす
깨우다

並ぶ
줄서다

並べる
배열하다

かかる
걸리다

かける
걸다

止まる
서다

止める
세우다

落<ruby>ちる<rt>お</rt></ruby>
落ちる
떨어지다

落とす
떨어뜨리다

集まる
모이다

集める
모으다

壊れる
망가지다

壊す
망가뜨리다

倒れる
쓰러지다

倒す
쓰러뜨리다

汚れる
더러워지다

汚す
더럽히다

割れる
깨지다

割る
깨다

## 몸에 착용하는 동사

帽子をかぶる
모자를 쓰다

パーマをかける
파마를 하다

ネクタイを締める(する)
넥타이를 매다(하다)

めがねをかける
안경을 끼다

時計をはめる(する)
시계를 차다

セーターを着る
스웨터를 입다

ズボンを履く
바지를 입다

かばんを持つ
가방을 들다

靴を履く
구두를 신다

A 最近の子どもたちは、毎日毎日忙しすぎて、遊ぶ時間が全然ないらしいです。隣の家も子どもはまだ小学生なのに毎日遅くまで勉強しているようで、いつも電気がついています。最近の親たちは子どもにたくさん勉強させれば、いい大学、いい会社に入ることができると思うかもしれませんが、私はそう思いません。子どもには無理をさせない方がいいでしょう。小さい時は子どもらしく元気に遊ばせた方がいいと思うんです。

B 最近の親たちは子どもに勉強をさせすぎだと思います。小学生でも、毎日遅くまで塾に通って勉強するそうですから、子どもがかわいそうです。
　でも、私も子どもができたら、やっぱり必要だと思うので、勉強はさせるつもりです。特に、外国語は小さい時から習わせるつもりです。子どもが小さい時は外国語も楽しく覚えることができるし、外国語の発音も習いやすいと本に書いてあったからです。それで、私はいつか自分の子どもに外国語を教えてあげたいので、その時までに勉強しておくつもりです。
　それから、楽器でも、運動でも、外国語でも、子どもがしたいと思うことは何でもさせてみたいです。

★ 위의 내용과 맞으면 O표, 틀리면 X표를 하세요.

❶ AさんもBさんも、最近の子どもは勉強が忙しくて大変すぎると思っている。（　　）

❷ AさんもBさんも、子どもに勉強をさせた方がいいと思っている。（　　）

❸ Bさんが子どもに小さい時から外国語を習わせたいと思っている。（　　）

| | | | | | |
|---|---|---|---|---|---|
| 最近 최근 | 全然 전혀 | 小学生 초등학교 | つく 켜지다 | 親たち 부모들 | 塾 보습학원 |
| かわいそうだ 불쌍하다 | できる 생기다/할 수 있다 | | やっぱり 역시 | | 必要だ 필요하다 |
| 特に 특히 | 外国語 외국어 | 習う 배우다 | 楽しく 즐겁게 | | 覚える 외우다 |
| 発音 발음 | いつか 언젠가 | 自分 자신 | 教える 가르치다 | | 楽器 악기 |

**Q** 퀴즈 : 일본 연말에 하는 행사가 아닌 것은 무엇입니까?

❶
せい ぼ
お世暮

❷
とし こ
年越しそば

❸
め い
だるまの目入れ

❹
おおそう じ
大掃除

せい ぼ
(×) お世暮는 연말에 신세를 진 분들에게 감사의 마음을 담아서 보내는 선물, 또는 선물을 보내는 것, 두 가지 경우를 나타낸다.
지난해의 감사의 마음과 더불어 앞으로도 잘 부탁한다는 마음을 담아 12월 초에서 12월 20일경에 보낸다.

とし こ
(×) 年越しそば는 12월 31일에 먹는 메밀 국수다.
메밀국수는 가늘고 길게 잘라서 만드는 요리이기 때문에 [건강장수]를 기원하면서 먹는다는 것이 가장 일반적인 유래이다.

め い
(o) だるまの目入れ는 연말이 아니어도 언제라도 할 수 있는 풍습이다.
이루어 지기를 원하는 일이 생겼을 때, [だるま]의 한쪽 눈에 먹으로 눈을 그리고, 원하던 일이 이루어졌을 때 나머지 한쪽 눈을 그리는 풍습이다.

おおそう じ
(×) 大掃除는 일반적으로 연말(대개는 12월 28일)에 평상시보다 더 많이 청소한다.
현재는 [1년의 더러움을 씻어내고 새로운 기분으로 새해를 맞이하기 위해서]라는 의미가 일반적이다.

## 21 회화문

야마다 나, 어제 새로 생긴 테마파크에 갔다 왔어.

나 오 좋았겠다. 즐거웠어?

야마다 응, 사람이 매우 많았지만, 아주 즐거웠어.

나 오 아, 부럽다. 거기에서 뭐 했어?

야마다 놀이기구를 타기도 하고, 쇼를 보기도 했어.
나오는 어제 뭐 했어?

나 오 실은 나 어제 친구의 아르바이트 동료와
미팅 했어.

야마다 어? 정말? 좋은 남자 있었어?

나 오 아니. 모두 상냥하고 좋은 사람이었는데,
내 타입은 아니었어.

야마다 그래? 유감이었네. 다음에 내가 좋은 사람
소개해 줄께.

## 22 회화문

김민수 야마다 씨, 들었습니까?
나까무라 씨가 결혼한다고 합니다.

야마다 정말이요? 전혀 몰랐어요.
상대는 어떤 사람인가요?

김민수 예쁘고 상냥한 사람이라고 합니다.
게다가 한국 사람이라고 합니다.

야마다 예? 국제결혼인가요? 굉장하네요.

김민수 예. 소문에 의하면 여자친구가 나까무라 씨와
같은 대학이었다고 합니다.

야마다 그렇습니까? 나까무라 씨는 결혼해서 어디에
사나요?

김민수 한국에 산다고 합니다. 그래서 나까무라 씨는
한국 회사에 들어갔다고 하네요.

야마다 부럽네요.

## 23 회화문

김민수 야마다 씨는 졸업하면 무엇을 할겁니까?

야마다 아직 잘 모르겠습니다만, 한국 회사에서
일하고 싶습니다.

김민수 그렇습니까? 어떤 일을 하고 싶습니까?

야마다 가능하면 무역회사에 들어가고 싶습니다만,
저에게는 어려울 거라고 생각합니다.

김민수 괜찮아요. 무역회사라면, 저도 잘 알고 있기
때문에 여러 가지 어드바이스를 할 수 있습니다.

야마다 감사합니다. 그러면 지금은 어떤 준비를 하면
좋을까요?

김민수 우선은, 한국어와 영어를 공부하면 좋을 거라고
생각합니다.

야마다 알겠습니다. 졸업까지 열심히 힘내겠습니다.

## 24 회화문

김민수 야마다 씨, 오늘은 기운이 없군요.

야마다 어제 3시간밖에 잘 수가 없었습니다.

김민수 왜요?

야마다 스피치대회까지 앞으로 2일밖에 없어서요.

김민수 어떤 스피치대회인가요?

야마다 여러 나라에서 온 유학생들이 모여서,
한국어로 스피치를 하는 대회입니다.

김민수 야먀다 씨도 참가합니까?

야마다 예, 그래서 어제도 밤 늦게까지 연습을
했습니다.

김민수 어떤 내용입니까?

야마다 한국과 일본의 문화 차이를 소개하는
내용입니다.

김민수 그렇습니까? 열심히 하세요.

## 25 회화문

야마다 김민수 씨, 이번 연휴에 맛있는 한국요리를
먹으러 가고 싶은데, 어딘가 좋은 곳을 알고
있습니까?

김민수 글쎄요. 어떤 요리가 먹고 싶습니까?

야마다 우선은 맛있는 비빔밥이 먹고 싶습니다.

김민수 비빔밥이라면, 전주가 유명하고 좋습니다.
전주는 맛있는 한국요리가 많이 있습니다.

야마다 그렇다면, 이번 여행은 전주로 하겠습니다.
서울에서 어떻게 갑니까?

김민수 차가 있으면 편리하지만, 없으면 버스로 갈 수도
있습니다.

야마다 그러면 버스로 하겠습니다.

## 26 회화문

야마다 이 스웨터, 따뜻할 것 같네요.

김민수 그렇네요. 하지만 조금 비쌀 것같이 보이네요.

야마다 그러면 이것은 어떻습니까? 박은영 씨가
좋아할 것 같은 색이에요.

김민수 예, 게다가 가볍고 좋아보이네요.
선물은 이것으로 할까요?

야마다 그렇게 해요. 케이크는 어떻게 할까요?

김민수 지하 빵집에서 맛있을 것 같은 케이크를
봤습니다.

야마다 그러면 거기에서 삽시다.

김민수 파티시간에 늦을 것 같으니까, 서둘러서 사러
갑시다.

김민수  야마다 씨, 올해 설날은 무엇을 할겁니까?

야마다  올해는 일본에 돌아갈 예정입니다.

김민수  좋겠네요. 언제 돌아갈 예정입니까?

야마다  12월 29일에 돌아가서, 1월 4일에 되돌아올 예정입니다.

김민수  그렇습니까? 일본에 돌아가서 무엇을 할 생각입니까?

야마다  설날이니까, 맛잇는 것을 먹으면서 푹 쉬려고 생각하고 있어요.

김민수  무엇을 먹을 생각입니까?

야마다  역시 그믐날(12월 31일)에는 메밀국수를 먹고, 설날에는 설날에 먹는 전통 음식을 먹을 생각입니다.

김민수  맛있을 것 같네요. 부럽습니다.


28 회화문

김민수  이번에 회사 전원이 일본어 능력시험을 응시하게 되었습니다.

야마다  그렇습니까? 시험은 언제입니까?

김민수  7월입니다. 앞으로 4개월밖에 없기 때문에, 시험에 맞출 수 있도록 이제부터 매일 20개씩 단어를 외우기로 했습니다.

야마다  그것은 대단하네요. 김민수 씨는 어떻게 단어를 외웁니까?

김민수  단어 책을 보면서 몇 번이나 쓰고 있습니다. 그리고 외운 단어를 잊어버리지 않도록, 다음 날에도 복습하고 있습니다.

야마다  그렇습니까? 저도 다음 주 학교에서 한국어 시험이 있습니다만, 단어를 외우는 것이 정말로 어려워서 고민하고 있습니다.

김민수  그러면, 이제부터 함께 공부하기로 합시다. 둘이서 열심히 하면, 틀림없이 잘 될겁니다.


29 회화문

김민수  야마다 씨, 졸린 것 같네요. 뭔가 있어요?

야마다  실은, 요즘 매일 밤 늦게까지, 노래와 춤 연습을 하고 있어서….

김민수  어, 왜요?

야마다  다음 주, 학교 축제가 있어서, 그때 유학생 모두 함께 춤을 추면서 노래하기로 되어 버려서….

김민수  아, 그렇습니까? 어떤 노래를 부릅니까?

야마다  지금 유행하고 있는 아이돌의 노래입니다. 템포(속도)가 빠르고 노래도 어렵습니다. 게다가 춤도 복잡해서 정말로 힘듭니다.

김민수  야마다 씨는 능숙하게 춤을 출 수 있습니까?

야마다  아니오, 춤은 전혀 못 춥니다. 노래도 능숙하게 부를 수 없기 때문에 정말로 걱정입니다. 그래서 매일 모두 함께 모여서 연습하고 있습니다.

김민수  매일 연습해서, 능숙하게 할 수 있게 되었습니까?

야마다  글쎄요. 전보다는 할 수 있게 되었습니다만, 아직 아직입니다. 다음 주까지 좀 더 잘하게 될 수 있도록 열심히 할 겁니다.


30 회화문

김민수  야마다 씨, 안색(얼굴 색)이 안 좋네요. 무슨 일입니까?

야마다  실은 어제 회식에서 과음하고 말았습니다.

김민수  그러면 안되지요.(그것은 안됩니다)

야마다  함께 마신 선배가 정말로 술이 세서…. 그래서 어제는 저도 조금 무리를 하고 말았습니다.

김민수  안 돼요. 무리를 하면, 건강을 해치니깐.

야마다  예, 주의하겠습니다. 김민수 씨는 술이 셉니까?

김민수  예, 강한 편이라고 생각합니다. 술을 마셔도, 특별히 아무 것도 변하지 않으니까요.

야마다  얼굴도 빨개지지 않습니까?

김민수  예, 술을 마시면, 조금 기분이 좋아지지만, 얼굴은 전혀 빨개지지 않습니다.

야마다  부럽네요. 저는 술을 마시면, 금방 얼굴이 빨갛게 됩니다. 게다가, 수다스러워져 버리기 때문에, 부끄럽습니다.


31 회화문

야마다  저기에 사람이 모여 있네요.

김민수  카메라도 있어요. 무엇인가 촬영이 있는 것 같네요.

야마다  어? 저 사람, 연예인 아닌가요?

김민수  정말이네요. 그는 유명한 가수입니다.

야마다  그렇습니까? 키도 크고, 스타일도 좋고…. 마치 모델같네요.

김민수  예, 그는 정말로 인기가 있는 것 같네요. 그를 보러 온 팬이 많이 있어요.

야마다  아, 저도 저 사람 같은 멋진 애인을 갖고 싶습니다.

김민수  그러네요. 빨리 멋진 애인이 생기면 좋겠네요.

## 32 회화문

김민수   야마다 씨, 오랜만이네요.
여름방학은 어땠습니까?

야마다   실은 학교에서 소개 받아서, 한국사람 집에
홈스테이를 했습니다. 정말로 즐거웠습니다.

김민수   그렇습니까? 홈스테이 가족들은 어떤
가족이었습니까?

야마다   아버지, 어머니, 언니, 남동생 4인
가족이었습니다. 모두 친절히 대해 주고,
아주 좋은 가족이었습니다.

김민수   그것은 잘됐네요.
좋은 추억을 많이 만들 수 있었습니까?

야마다   예, 아버지가 차로 여러 곳을 데리고 가 주기도
하고, 어머니가 맛있는 것을 만들어 주거나
했습니다.

김민수   정말로 상냥한 가족이군요. 야마다 씨는
그 가족을 위해서 무엇인가 해 주었습니까?

야마다   일본요리를 만들어 주었습니다.

## 33 회화문

김민수   야마다 씨는 한국에 오고 나서 무엇인가 변한
것이 있습니까?

야마다   예, 여러 가지 있습니다. 한국에 오고 나서는
청소와 요리, 세탁 등의 집안일을 전부 스스로
하게 되었습니다.

김민수   그렇습니까? 공부하면서 집안일까지 하면,
시간이 부족하지 않습니까?

야마다   그래요. 시험기간 중에는 세탁을 안해서 입을
옷이 없거나, 먹을 것이 없어서 밥을 먹지 않고
학교에 가거나 한 적이 있습니다.

김민수   역시, 자취생활은 힘들군요.

야마다   하지만, 전에는 10시까지 돌아가지 않으면
안 됐었지만, 지금은 통금이 없어서,
10시까지 돌아가지 않아도 되기 때문에
편해졌습니다.

## 34 회화문

김민수   야마다 씨, 지금 읽고 있는 책은 무엇입니까?

야마다   선생님에게 추천 받은 한국 소설입니다.

김민수   아~, 그 책 지금 한국에서 많은 사람들에게
읽혀지고 있는 소설입니다.

야마다   그렇습니까? 전부 한국어로 쓰여져 있어서,
조금 어렵지만 재미있습니다.
그런데, 김민수 씨는 졸려 보이네요.
무슨 일입니까?

김민수   실은 어제 갑자기 친구가 찾아 와 버려서….

야마다   친구는 무엇을 하러 왔습니까?

김민수   [막걸리]라고 하는 한국 술을 함께 마시고
싶어서 온 것 같습니다.

야마다   그래서 친구는 몇 시까지 있었습니까?

김민수   1시에 돌아갔습니다만, 그 후에도 옆집사람이
시끄럽게 해서 결국 어제는 별로 잘 수가
없었습니다.

야마다   그렇습니까? 어제는 정말로 힘들었겠군요.

## 35 회화문

야마다   요즘 아이들은 배우는 것 때문에 바쁘다고
합니다.

김민수   아이들을 학원에 다니게 하는 부모가
많으니까요.
어른보다도 시간(여유)이 없는 것 같습니다.

야마다   불쌍하네요. 저는 아이가 생기면, 좀 더
자유롭게 놀게 하고 싶습니다.

김민수   저도 무리하게 배우는 것을 시키고 싶지
않습니다. 하지만, 외국어만은 어렸을 때부터
배우게 할 겁니다.

야마다   그렇습니까? 역시 지금은 외국어가
중요하니까요.

김민수   예, 취직에도 필요한 데다가, 가능하면 유학도
시키고 싶은 데다가….

야마다   저는 아이가 하고 싶다고 생각하는 것을 시키고
싶습니다. 하지만, 정말로 아이가 생기면,
어떻게 될지, 잘 모르겠습니다.

## 36 회화문

김민수   야마다 씨는 때때로 오사카 사투리를
사용하네요.

야마다   알겠습니까? 실은 저 초등학교 때까지 오사카에
살았습니다.

김민수   그렇습니까? 그런데 오사카에서 자랐는데도,
그다지 사용하지 않는군요.

야마다   어렸을 때에 동경으로 이사를 했기 때문에,
평소에는 그다지 사용하지 않습니다만, 지금도
때때로 나와 버립니다.

김민수   아, 오사카 사투리는 억양이 동경과는 달라서
재미있습니다.

야마다   김민수 씨는 오사카 사투리를 알아들을 수
있습니까?

김민수   예, 저는 일본 예능 프로그램을 좋아하기
때문에, 조금은 압니다.

야마다   아아, 일본 개그맨 중에는 관서지방 출신이
많으니까요.

김민수   예, 하지만 오사카 사투리는 빠르고 어렵기
때문에, 언젠가는 자막을 보지 않고 전부
알아들을 수 있도록 되고 싶습니다.

야마다　김민수 씨, 피곤한 것 같네요.

김민수　예, 어제 과장님이 시켜서 어쩔 수 없이 야근을
　　　　하고 새벽 2시에 돌아왔습니다.

야마다　에? 2시요? 요즘 계속 귀가가 늦네요.

김민수　예, 오늘부터 부장님이 해외출장을 갑니다만,
　　　　그 준비가 아직 되어 있지 않아서 어쩔 수 없이
　　　　일을 했습니다.

야마다　김민수 씨 혼자서 그 준비를 했습니까?

김민수　아니오. 과장님과 신입사원인 후배와 3명이
　　　　함께 했습니다. 저는 과장님이 시켜서 어쩔 수
　　　　없이 보고서를 썼는데, 몹시 시간이 많이 걸려서
　　　　힘들었습니다.

야마다　후배는 무엇을 했습니까?

김민수　후배는 입사한 지 얼마 안 되었기 때문에, 아직
　　　　일이 익숙하지도 않은데, 과장님이 시켜서 어쩔
　　　　수 없이 자료를 조사해야 해서 힘들었던 것
　　　　같습니다.

야마다　사회생활은 힘들군요.



야마다　여보세요. 김민수 씨 지금 전화 괜찮습니까?

김민수　예, 괜찮습니다. 무슨 일입니까?

야마다　2, 3일전부터 몸이 나른하고, 식욕도 없습니다.

김민수　그것은 큰일이네요.
　　　　약을 먹어 보는 것이 어떻습니까?

야마다　약은 벌써 먹었습니다만, 좀처럼 낫지 않아서….
　　　　게다가 오늘은 구역질도 납니다.

김민수　그렇다면, 빨리 병원에 가는 편이 좋습니다.
　　　　제가 자주 가는 병원이 있으니까, 함께 가
　　　　봅시다.

야마다　하지만, 오늘은 아르바이트가 있어서….

김민수　무리하지 않는 편이 좋습니다. 오늘은
　　　　아르바이트를 쉬고 병원에 갑시다.

야마다　알겠습니다. 아르바이트 하는 곳에 전화해
　　　　보겠습니다.

김민수　이제부터 데리러 갈 테니까, 집에서 기다리고
　　　　있으세요.



야마다　김민수 씨, 들었습니까? 박진호 씨,
　　　　여자친구가 생겼다고 합니다.

김민수　에? 전혀 몰랐습니다. 어디에서 서로 알게
　　　　되었습니까?

야마다　회사 동료가 소개해 준 것 같습니다.

김민수　상대는 어떤 사람입니까?

야마다　상냥하고 예쁘고, 정말로 여자다운 사람이라고
　　　　합니다.

김민수　아, 박진호 씨는 원래부터 여자다운 사람을
　　　　좋아하기 때문에, 이상형이네요.

야마다　예, 그래서 박진호 씨는 지금 그녀에게 푹
　　　　빠져있는 것 같습니다.

김민수　그렇습니까? 그렇다면, 지금 박진호 씨는 아주
　　　　행복하겠네요.

야마다　그렇겠지요. 박진호 씨는 전부터 빨리
　　　　결혼하고 싶다고 말했으니까, 결혼도 빠를지도
　　　　모르겠네요.

김민수　에~ 그것은 아직 너무 빠르겠지요.



스즈끼　김민수 씨, 앞으로 1시간 후면 드디어
　　　　야마다 씨의 졸업파티네요.

김민수　그렇네요. 그러면 제대로 준비가 되어 있는지
　　　　확인해 봅시다. 요리는 어떻게 되어 있습니까?

스즈끼　피자는 조금 전에 주문해 놓았습니다. 그리고
　　　　다른 요리는 지금 사또 씨와 박은영 씨가 만들고
　　　　있습니다.

김민수　케이크는 샀습니까?

스즈끼　안수영 씨에게 사 오도록 부탁했으니까,
　　　　괜찮습니다.

김민수　알겠습니다. 맥주는 차갑게 해져 있습니까?

스즈끼　예, 아까 넣어 놓았습니다.

김민수　먹을 것은 전부 되어 있네요. 디지털카메라
　　　　건전지는 들어 있나요?

스즈끼　조금 전에 확인해 보았습니다만, 들어가
　　　　있었습니다.

김민수　그러면, 준비는 되어 있네요. 기대됩니다.

## 읽어보자 ①

최근에, 프로 야구가 매우 인기라고 한다.

야구팬은 남자가 많다고 생각했지만, 최근에는 젊은 여자에게도 인기가 있다고 해서, 나는 조금 놀라면서도 기뻤다.

고등학생 때, 나는 야구부였다. 우리 고등학교는 야구가 강하고 유명했다. 우리들은 모두 함께 전국대회에 나가고 싶다고 생각해서, 매일매일 늦게까지 연습했다.

고등학교 3학년 여름, 우리들은 6개의 시합에서 이겼다. 그리고 전국대회에 나가기 전의 마지막 시합을 진짜로 열심히 했지만, 지고 말았다. 모두 함께 전국대회에 나갈 수 없었다. 정말로 분했다. 그날의 일은 지금도 잊을 수가 없다.

만약, 다시 한 번 그때로 돌아갈 수 있다면, 나는 또 그때의 동료들과 야구를 하고 싶다. 그리고 이번에는 반드시 모두 함께 전국대회에 나가고 싶다고 진심으로 생각한다.

★ 확인하기 정답 ❶ ○　❷ X　❸ X

## 읽어보자 ②

다음 주, 같은 반의 유미 씨가 미국에 유학을 간다. 그래서 오늘은 반 모두와 함께 송별회를 했다.

송별회는 5시부터였다. 그 1시간 전에 반 모두와 선물을 사러 백화점에 갔다.

우리들은 디지털카메라를 사고 싶다고 생각했다. 전에 유미 씨가 새 디지털카메라를 매우 갖고 싶은 듯이 보고 있었기 때문이다. 하지만, 우리들이 사려고 생각한 디지털카메라가 조금 비싸서 망설였지만, 모두 함께 돈을 모으면, 괜찮을 것 같다고 생각해서, 유미 씨가 좋아할 것 같은 핑크색 디지털카메라로 했다. 그리고 나서 그 카메라를 사용해서 모두 함께 메시지비디오를 찍었다.

송별회가 시작되고, 우리들은 유미 씨에게 디지털 카메라를 선물했다. 유미 씨는 매우 기쁜 것 같았다. 모두로부터의 메시지비디오를 울 것 같은 얼굴로 보고 있었다. 그것을 보고 나도 정말로 기뻤다.

오늘은 정말 좋은 하루였다.

★ 확인하기 정답 ❶ X　❷ ○　❸ X

## 읽어보자 ③

**매일 듣는 것만으로 일본어를 말할 수 있게 된다!?**

단어와 문법은 알고 있어도 좀처럼 말할 수 있게 되지 않아서 고민하고 있는 사람이 많다고 생각합니다. 그런 당신에게 추천하는 교재가 있습니다.

그것이 이「스피드 일본어」입니다.

이 교재를 듣고 있으면, 그것만으로 일본어를 알아들을 수 있게 됩니다. 그리고 발음도 좋아지고 점점 회화도 능숙해집니다.

일본어를 잘하게 되기 위한 포인트는 [매일 듣도록 하는 것]입니다. 바쁘더라도, 하루도 쉬지 않도록 해 주세요.

당신도 이 교재를 사용해서 즐겁게 일본어 공부를 하지 않겠습니까?

### 학생의 소리(박○○)

저는 서울에서 일하고 있는 회사원입니다. 내년 4월부터 동경에 전근 가게 되었기 때문에, 올해 10월부터 이 교재로 공부하기로 했습니다. 이 교재를 사용하고 3개월이 된 지금은, 일본어를 잘 알아들을 수 있게 되었습니다. 게다가, 회화도 전보다 능숙해졌습니다.

앞으로도 동경에 가는 날까지 매일 이것을 들어서, 4월까지 좀 더 유창하게 줄줄 말할 수 있도록 되고 싶습니다.

★ 확인하기 정답 ❶ X　❷ ○　❸ X

## 읽어보자 ④

작년 일본 여행에서는 잊을 수 없는 추억이 생겼습니다. 저는 그 여행 중에 콘서트를 볼 예정이었습니다. 인터넷에서 조사했더니, 콘서트 홀은 역에서 가까운 것 같았기 때문에, 택시를 타지 않고 지하철로 갔습니다. 하지만 역에서 나와서 걸어도 전혀 콘서트 홀이 발견되지 않아서 곤란해 있을 때, 여자분이 [어디를 찾고 있습니까?]라고 말을 걸어 주었습니다. 저는 [콘서트 홀에 가고 싶습니다. 7시 콘서트이기 때문에 7시까지 가지 않으면 안 되는데….]라고 말했습니다. 그 여자분은 [그러면 제가 안내할게요. 함께 갑시다]라고 말하고, 저를 위해서 콘서트 홀까지 함께 와 주었습니다.

일본어도 그다지 잘 못해서 능숙하게 말할 수 없었는데도, 정말로 친절하게 안내해 주어서, 정말 기뻤기 때문에, 저는 몇 번이나 [감사합니다]라고 말했습니다. 하지만, 그 여자분은 [신경쓰지 않아도 됩니다.]라고 말하고 웃어 주었습니다.

그때부터, 저는 열심히 일본어 공부를 하고 있습니다.
일본어가 예전보다 말할 수 있게 된 지금은, 한국에
여행하러 온 외국인들에게도 좋은 추억을 만들어 주고
싶어서, 일본인을 안내하는 자원봉사를 시작했습니다.
　앞으로 저도 한국에서 곤란해 하고 있는 외국인을 보면,
일본에서 친절하게 해 주었던 그 여자분처럼 친절하게 해
주려고 생각하고 있습니다.

★ 확인하기 정답 ❶ X　❷ ○　❸ ○

## 읽어보자 ⑤

당신은 일본 이자까야(일본식 술집)에 있는 [술 무한
리필]이라고 하는 시스템을 알고 있습니까?
　시간제한은 있지만, 정해져 있는 음료는 그 시간
이내라면, 몇 잔이라도 마실 수 있는 시스템입니다.
음료의 종류도 여러 가지 재료로 만들어진 술이나 칵테일,
맥주 등이 많이 있기 때문에, 좋아하는 것을 골라서 마실
수 있습니다. 시간제한이 있기 때문에, 천천히는 마실 수
없지만, 적은 돈으로 많이 마시고 싶을 때는 아주 좋다고
생각합니다.
　[술 무제한 리필]에 오는 사람 중에는 과음하고 마는
사람도 있다고 합니다. 실은 저도 [술 무제한 리필]에
가서 과음하고 말았던 적이 있습니다. 그때는 별로 마시고
싶지 않았는데도, 선배가 시켜서 어쩔 수 없이 지나치게
마셔서, 힘들었습니다. 그다지 술도 세지 않은 데다가,
아직 밥도 먹지 않았기 때문에, 바로 취해 버려서,
모두에게 놀림당했습니다.
　그때는 정말로 힘들었기 때문에, 저는 후배에게 무리하게
술을 마시게 하지 않기로 했습니다. 몸(건강)을 위해서도
과음은 좋지 않은 데다가, 무엇이든 무리하게 시켜서는 안
된다고 생각하기 때문입니다.

★ 확인하기 정답 ❶ X　❷ ○　❸ ○

## 읽어보자 ⑥

(A)

　최근의 아이들은 매일매일 지나치게 바빠서 놀
시간이 전혀 없다고 합니다. 옆집도 아이는 아직
초등학생인데도 매일 늦게까지 공부하고 있는 것
같이, 항상 불이 켜져 있습니다. 요즘 부모들은
아이에게 공부를 많이 시키면 좋은 대학, 좋은 회사에
들어갈 수 있다고 생각할 지도 모릅니다만, 저는
그렇게 생각하지 않습니다. 아이에게는 무리하게
하지 않는 편이 좋겠지요. 어렸을 때는 아이답게
건강하게 놀게 하는 편이 좋다고 생각합니다.

(B)

　요즘 부모들은 아이에게 공부를 너무 많이
시킨다고 생각합니다. 초등학생이라도 매일
늦게까지 학원에 다니면서 공부한다고 하기 때문에
아이들이 불쌍합니다.
　하지만, 저도 아이가 생기면, 역시 필요하다고
생각하기 때문에 공부는 시킬 생각입니다. 특히
외국어는 어렸을 때부터 배우게 할  생각입니다.
아이가 어렸을 때는 외국어도 즐겁게 외울 수
있는 데다가, 외국어 발음도 배우기 쉽다고  책에
쓰여져 있었기 때문입니다. 그래서 저는 언젠가
제 아이에게 외국어를 가르쳐 주고 싶기 때문에,
그때까지 공부해 놓을 생각입니다.
　그리고, 악기라든가, 운동이라든가, 외국어라든가,
아이가 하고 싶다고 생각하는 것은 무엇이든지
시켜보고 싶습니다.

★ 확인하기 정답 ❶ ○　❷ X　❸ ○

## 21 人が多かったけど、とても楽しかった。

말해보자

**01**

❶ A 昨日の料理、辛かった。

B うん、辛かった。

ううん、辛くなかった。

A 昨日の料理は辛かったですか。

B はい、辛かったです。

いいえ、辛くなかったです。

いいえ、辛くありませんでした。

❷ A 先生、厳しかった。

B うん、厳しかった。

ううん、厳しくなかった。

A 先生は厳しかったですか。

B はい、厳しかったです。

いいえ、厳しくなかったです。

いいえ、厳しくありませんでした。

❸ A 子どもの時、かわいかった。

B うん、かわいかった。

ううん、かわいくなかった。

A 子どもの時はかわいかったですか。

B はい、かわいかったです。

いいえ、かわいくなかったです。

いいえ、かわいくありませんでした。

❹ A 去年の夏、暑かった。

B うん、暑かった。

ううん、暑くなかった。

A 去年の夏は暑かったですか。

B はい、暑かったです。

いいえ、暑くなかったです。

いいえ、暑くありませんでした。

❺ A 昨日、天気がよかった。

B うん、よかった。

ううん、よくなかった。

A 昨日は天気がよかったですか。

B はい、よかったです。

いいえ、よくなかったです。

いいえ、よくありませんでした。

**02**

❶ A 景色、きれいだった。

B うん、きれいだった。

ううん、きれいじゃなかった。

A 景色はきれいでしたか。

B はい、きれいでした。

いいえ、きれいじゃなかったです。

いいえ、きれいじゃありませんでした。

❷ A おとといのテスト、簡単だった。

B うん、簡単だった。

ううん、簡単じゃなかった。

A おとといのテストは簡単でしたか。

B はい、簡単でした。

いいえ、簡単じゃなかったです。

いいえ、簡単じゃありませんでした。

③ A 昔、運動が嫌いだった。

B うん、嫌いだった。

ううん、嫌いじゃなかった。

A 昔は運動が嫌いでしたか。

B はい、嫌いでした。

いいえ、嫌いじゃなかったです。

いいえ、嫌いじゃありませんでした。

④ A 昨日、雨だった。

B うん、雨だった。

ううん、雨じゃなかった。

A 昨日は雨でしたか。

B はい、雨でした。

いいえ、雨じゃなかったです。

いいえ、雨じゃありませんでした。

⑤ A 土曜日、休みだった。

B うん、休みだった。

ううん、休みじゃなかった。

A 土曜日は休みでしたか。

B はい、休みでした。

いいえ、休みじゃなかったです。

いいえ、休みじゃありませんでした。

## 03

① A 最近仕事はどうですか。

B 大変ですけど、おもしろいです。

② A あの人はどうですか。

B お金持ちですけど、性格は悪いです。

③ A ホテルはどうでしたか。

B 静かでしたけど、狭かったです。

④ A テストはどうでしたか。

B 勉強しましたけど、難しかったです。

⑤ A 旅行はどうでしたか。

B 楽しかったですけど、疲れました。



## 01

❶ c ❷ a ❸ b ❹ c

アン 鈴木さん、昨日何をしましたか。

鈴木 映画を見ました。

アン そうですか。どんな映画を見ましたか。

鈴木 韓国の映画で、アクション映画でした。

アン おもしろかったですか。

鈴木 はい、おもしろかったですけど、
韓国語がまだ下手ですから、
ちょっと大変でした。

アン そうですか。一人で見に行きましたか。

鈴木 いいえ、友だちと行きました。

アン 映画を見た後で、何をしましたか。

鈴木 ごはんを食べに行きました。

アン 何を食べましたか。

鈴木 暑かったですから、そばを食べました。

アン どうでしたか。

鈴木 店はきれいでしたけど、
高くておいしくなかったです。

## 22 中村さんが結婚するそうです。

### 말해보자

**01**

**❶** A このパソコンはどうですか。
B 友だちの話によると、便利だそうです。
友だちの話によると、
便利じゃないそうです。

**❷** A 中村さんは彼氏がいますか。
B チェさんによると、彼氏がいるそうです。
チェさんによると、
彼氏がいないそうです。

**❸** A あの二人は恋人ですか。
B 田中さんによると、恋人だそうです。
田中さんによると、
恋人じゃないそうです。

**❹** A この料理はどうですか。
B 医者によると、体にいいそうです。
医者によると、体によくないそうです。

**02**

**❶** A 昨日あの店は休みでしたか。
B 先生によると、休みだったそうです。
先生によると、休みじゃなかったそうです。

**❷** A 昨日の天気はどうでしたか。
B 天気予報によると、よかったそうです。
天気予報によると、よくなかったそうです。

**❸** A そのアルバイトはどうでしたか。
B 先輩によると、楽だったそうです。
先輩によると、楽じゃなかったそうです。

**❹** A 昨日の飲み会に社長も来ましたか。
B 鈴木さんによると、来たそうです。
鈴木さんによると、来なかったそうです。

### 들어보자

**01**

**❶** a **❷** a **❸** b

**(예)**

田中 ゆみさん、日曜日はいつも何を
します か。
ゆみ うちで本を読んだり、友だちに会って
おしゃべりをしたりしますよ。
田中 先週もそうでしたか。
ゆみ いいえ、先週は彼氏と映画を見たり、
ごはんを食べたりしました。

a. ゆみさんによると、先週の日曜日は
友だちとおしゃべりをしたそうです。

b. ゆみさんによると、先週の日曜日は彼氏と
映画を見たそうです。

**❶**

鈴木 けいこさん、昨日のパーティーは
どうでしたか。
けいこ 料理はあまりおいしくなかったですけど、
人が多くて楽しかったですよ。
鈴木 そうですか。よかったですね。

a. けいこさんによると、パーティーは人が
多かったそうです。

b. けいこさんによると、パーティーの料理は
おいしかったそうです。

❷

鈴木　のりこさん、土曜日一緒に
　　　　食事しませんか。

のりこ　今週ですか。今週はちょっと…。

鈴木　何か約束がありますか。

のりこ　はい、よしこさんと一緒にデパートへ
　　　　先生のプレゼントを買いに行きます。

a. のりこさんによると、土曜日はよしこさんと
　 デパートに行くそうです。
b. のりこさんによると、土曜日はよしこさんと
　 食事をするそうです。

❸

鈴木　先生、明日会いに行きたいですが、
　　　　いつ時間がありますか。

先生　明日か…。明日は１時から３時まで
　　　　授業があるけど、その後は大丈夫だよ。

鈴木　わかりました。では明日会いに行きます。

a. 先生によると、明日は１時から３時まで
　 時間があるそうです。
b. 先生によると、明日は３時から暇だそうです。



## 말해보자

### 01

❶ A　日本のドラマはおもしろいですか。

　 B　はい、おもしろいと思います。

　　　いいえ、おもしろくないと思います。

❷ A　キムさんも旅行に行きますか。

　 B　はい、行くと思います。

　　　いいえ、行かないと思います。

❸ A　あの二人は兄弟ですか。

　 B　はい、兄弟だと思います。

　　　いいえ、兄弟じゃないと思います。

❹ A　テストは難しかったですか。

　 B　はい、難しかったと思います。

　　　いいえ、難しくなかったと思います。

❺ A　昔、韓国人はさしみを食べましたか。

　 B　はい、食べたと思います。

　　　いいえ、食べなかったと思います。

### 02

❶ A　日本人の友だちができたら、
　　　どうしますか。

　 B　日本人の友だちができたら、
　　　ソウルを案内します。

❷ A　授業が難しかったら、どうしますか。

　 B　授業が難しかったら、先生に聞きます。

❸ A　明日雨だったら、どうしますか。

　 B　明日雨だったら、うちでごろごろ
　　　しながら、好きなドラマを見ます。

④ A 交通が不便だったら、どうしますか。
 B 交通が不便だったら、引っ越しは
  あきらめます。

⑤ A 宝くじに当たったら、どうしますか。
 B 宝くじに当たったら、車を買います。

## 들어보자

### 01

❶ ⑥　❷ ⑦　❸ ③　❹ ⑤

キム　もし宝くじに当たったら、
　　　何がしたいですか。

山田　いろいろなところへ旅行に
　　　行きたいです。キムさんは。

キム　私は今までほしかったものを全部
　　　買いたいです。

山田　何がほしかったですか。

キム　大きくて丈夫な車、いいパソコン、
　　　時計、それにきれいな服…。

山田　たくさんありますね。
　　　じゃあ、キムさんの家族だったら、
　　　何をすると思いますか。

キム　そうですね。母は今の家より、広い
　　　家を買うと思います。それに兄は
　　　会社を辞めると思います。最近、
　　　仕事で大変だそうですから。

山田　そうですか。弟さんは。

キム　弟はアメリカに行くと思います。

山田　旅行ですか。

キム　いいえ、留学です。アメリカで
　　　勉強したいそうですから。

山田　そうですか。宝くじに当たったら
　　　いいですね。

**말해보자**

## 01

**❶** A　週末、友だちと行く店はどこですか。

　　B　週末、友だちと行く店は日本の

　　　　ラーメン屋です。

**❷** A　最近よく着る服は何ですか。

　　B　最近よく着る服はワンピースです。

**❸** A　今、住んでいるところはどこですか。

　　B　今、住んでいるところは東京です。

**❹** A　今、流行っている色は何ですか。

　　B　今、流行っている色は白です。

**❺** A　授業を休まない人は誰ですか。

　　B　授業を休まない人は真面目な

　　　　チェさんです。

## 02

**❶** A　先週、一緒にお酒を飲んだ人は

　　　　誰ですか。

　　B　先週、一緒にお酒を飲んだ人は

　　　　大学の先輩です。

**❷** A　昨日、友だちに借りたものは何ですか。

　　B　昨日、友だちに借りたものは傘です。

**❸** A　子どもの時、よく遊んだところは

　　　　どこですか。

　　B　子どもの時、よく遊んだところは

　　　　公園です。

**❹** A　土曜日の飲み会に来なかった人は

　　　　誰ですか。

　　B　土曜日の飲み会に来なかった人は

　　　　山田さんです。

## 03

**❶** A　英語ができますか。

　　B　いいえ、日本語しかできません。

**❷** A　銀行に人がたくさんいますか。

　　B　いいえ、4人しかいません。

**❸** A　漢字を書くことができますか。

　　B　いいえ、ひらがなしか書くことが

　　　　できません。

**❹** A　毎日運動をしますか。

　　B　いいえ、週に1回しかしません。

들어보자

## 01

❶ a　　❷ c　　❸ b

**예**　この人がほしいと思っているパソコンはどれですか。

田中　アンさんが今使っているパソコンはどうですか。

アン　2年前に買ったものですから、古くて遅いですよ。

田中　そうですか。でも、便利に見えますけど…。

アン　便利ですけど、もうちょっと軽くて速いパソコンがほしいです。

❶ 明日会うお客さんとは何語で話しますか。

パク　明日会うお客さんは日本人ですから、楽ですよね。

中村　楽じゃありませんよ。日本人ですけど、英語しか話すことができないそうです。

パク　え？どうしてですか。

中村　2歳の時に家族とアメリカに行って、ずっとアメリカに住んでいたから…。それで、明日は英語しか使うことができませんから、心配です。

❷ なくした財布の中には何がありましたか。

アン　チェさん、何かありましたか。元気がありませんね。

チェ　先週買った財布をなくしてしまいました。

アン　それは大変ですね。財布の中に何がありましたか。

チェ　お金は1万ウォンしかありませんでしたが、カードがありました。

アン　そうですか。早く銀行に電話してください。

❸ どの人がチェさんですか。

田中　これはチェさんの写真ですか。

チェ　ええ、高校の時、友だちとピクニックに行った時撮った写真です。

田中　踊ったり、歌ったり、音楽を聞いたりしている人もいますね。どの人がチェさんですか。

チェ　踊っている人の隣です。

田中　へえ、今とは全然違いますね。

## 말해보자

### 01

❶ A　お見合いをしませんか。

　 B　そうですね。時間があれば、します。

❷ A　夏休みに旅行に行きませんか。

　 B　そうですね。来月試験に合格すれば、
　　　行きます。

❸ A　週末、山に登りませんか。

　 B　そうですね。天気がよければ、
　　　登ります。

❹ A　映画を見ませんか。

　 B　そうですね。ホラー映画じゃなければ、
　　　見ます。

### 02

❶ A　合コンをしませんか。

　 B　そうですね。相手がお金持ちなら、
　　　します。

❷ A　ごはんを食べに行きませんか。

　 B　そうですね。おいしい店なら、
　　　行きます。

❸ A　ダンスを習いませんか。

　 B　そうですね。簡単なら、習います。

❹ A　スキーに行きませんか。

　 B　そうですね。スキー場が安全なら、
　　　行きます。

### 03

❶ A　約束はいつにしますか。

　 B　今週の日曜日にしましょう。

❷ A　会議は何時にしますか。

　 B　１時にしましょう。

❸ A　勉強会のリーダーは誰にしますか。

　 B　田中さんにしましょう。

❹ A　旅行のお土産は何にしますか。

　 B　紅茶にしましょう。

## 들어보자

### 01

❶ ✕　❷ ✕　❸ ○　❹ ○

예 この人は友だちのうちに遊びに行きますか。

アン　今日、パクさんがうちに遊びに来ます。
　　　よかったら、チェさんも来てください。

チェ　時間があれば行きたいですが、
　　　今日はちょっと仕事が多くて…。

アン　そうですか。わかりました。

❶ この人は明日デパートに行きますか。

田中　明日、一緒にデパートに行きませんか。
　　　今セール中ですよ。

チェ　うーん、明日は週末で人が多いです
　　　から…。平日ならいいですけど。

田中　わかりました。
　　　じゃあ、また今度にします。

❷ この人はかばんを買いますか。

鈴木　このかばん、どうですか。

アン　もうちょっと大きくて丈夫なら、
　　　買いますけど…。

鈴木　そうですね。これは軽いですけど、
　　　ちょっと小さいですね。

❸ この人は合コンに行きますか。

アン　鈴木さん、合コンをしませんか。

鈴木　そうですね。私はまだ韓国語が
　　　下手ですから、相手が日本語が
　　　できれば、したいですが…。

アン　彼は日本に留学したことがあるから、
　　　上手だと思いますよ。

❹ この人はバスに乗りますか。

山田　鈴木さん、明日は東京駅まで何で
　　　行きますか。

鈴木　うーん、東京駅までタクシーで
　　　いくらですか。
　　　1500円より安ければタクシーで
　　　行きますが、高ければバスにします。

山田　ここから東京駅まで、タクシーなら
　　　2000円ぐらいですよ。

## 26 このセーターは 軽くてよさそうですね。

**말해보자**

### 01

❶ A　彼は忙しそうですね。

　 B　ええ、それに残業が多くて、
　　　大変そうですね。

❷ A　田中さんは真面目そうですね。

　 B　ええ、それに頭もよさそうですね。

❸ A　あの椅子は楽そうですね。

　 B　ええ、それにあまり
　　　高くなさそうですね。

❹ A　あの人は具合が悪そうですね。

　 B　ええ、それに今にも倒れそうですね。

❺ A　この黒いかばんは
　　　丈夫じゃなさそうですね。

　 B　ええ、それに重くて、
　　　使いにくそうですね。

### 02

❶ A　それはどんな車ですか。
　 B　丈夫そうな車です。

❷ A　あの二人はどんな夫婦ですか。
　 B　幸せそうな夫婦です。

❸ A　これはどんな映画ですか。
　 B　つまらなそうな映画です。

❹ A　今日はどんな天気ですか。
　 B　雨が降りそうな天気です。

❺ A　あれはどんな音楽ですか。
　 B　イさんがよく聞きそうな音楽です。

**①** A　キムさんは何をしていますか。
　　B　眠そうに仕事をしています。

**②** A　彼女は何をしていますか。
　　B　寂しそうにずっと泣いています。

**③** A　田中さんは何をしていますか。
　　B　暇そうにテレビを見ています。

**④** A　鈴木さんは何をしていますか。
　　B　幸せそうに恋人からの手紙を
　　　読んでいます。

## 들어보자

**01**

**①** c　**②** b　**③** a　**④** c

**例**

アン　田中さんの恋人はどんな人ですか。
鈴木　ハンサムで、優しそうな人です。
　　　それに頭もよさそうに見えましたよ。
アン　そうですか。うらやましいですね。

**①**

田中　外は寒そうですね。
チェ　そうですね。今にも雨が降りそうですね。
田中　ええ、あ、よく見てくださいよ。
　　　もう雨が降っていますよ。

**②**

鈴木　キムさん、残業ですか。
キム　はい、明日の会議の準備をしています。
鈴木　大変そうですね。何か手伝いましょうか。
キム　もうすぐ終わりそうですから、
　　　大丈夫です。ありがとうございます。

**③**

田中　あの二人、とても幸せそうですね。
キム　ええ、さっきから楽しそうに
　　　話していましたよ。
田中　あの二人は友だちですか。
キム　いいえ、二人は付き合っている
　　　そうですよ。

**④**

アン　これ、どうですか。ポケットが多くて、
　　　便利そうですけど…。
鈴木　便利そうなかばんですけど、ちょっと
　　　重いですね。
アン　あれはどうですか。ポケットは
　　　多いですけど、軽そうに見えますよ。
鈴木　それにします。

## 27 日本に帰ってゆっくり 休もうと思っています。

### 말해보자

**01**

❶ A レポートは、もう書きましたか。

B いいえ、まだです。
夜、書こうと思います。

❷ A メールは、もう送りましたか。

B いいえ、まだです。
休み時間に送ろうと思います。

❸ A 単語は、もう覚えましたか。

B いいえ、まだです。
あとで覚えようと思います。

❹ A 旅行のホテルは、もう予約しましたか。

B いいえ、まだです。
週末、予約しようと思います。

❺ A 宿題は、もう出しましたか。

B いいえ、まだです。
授業が終わったあとで出そうと
思います。

**02**

❶ A 今夜は何をしますか。

B 好きなテレビ番組を見るつもりです。

❷ A 会社を辞めて、何をしますか。

B 父の仕事を手伝うつもりです。

❸ A 授業が終わったあとで、何をしますか。

B みんなでごはんを食べるつもりです。

❹ A 大学を卒業したら、何をしますか。
B 大学院に進むつもりです。

**03**

❶ A 何時に出発しますか。

B 朝8時に出発する予定です。

❷ A 何時に海に着きますか。

B 10時に着く予定です。

❸ A 昼ごはんは何を食べますか。

B さしみを食べる予定です。

❹ A 船に乗って何をしますか。

B つりをする予定です。

## 들어보자

### 01

**❶** ⑤ / ⑩　　**❷** ④ / ⑪　　**❸** ① / ⑦

鈴木　もうすぐ冬休みですね。

山田　そうですね。鈴木さんは冬休みに何を
　　　するつもりですか。

鈴木　私は日本から友だちが遊びに来る
　　　予定ですから、ソウルを案内したり、
　　　一緒に買い物をしたりするつもりです。
　　　山田さんは。

山田　私は試験が終わったばかりですから、
　　　遊びに行きたいです。
　　　それで、スノーボードに行くつもりです。

パク　うらやましいですね。

山田　でも、それだけじゃありません。
　　　一緒に行く韓国人の友だちと温泉に
　　　入ろうと思っています。キムさんは
　　　何をするつもりですか。

キム　私はこの冬休みに北海道へ旅行に行く
　　　予定です。北海道で雪まつりを見たり、
　　　おいしいカニ料理を食べたりしようと
　　　思っています。パクさんは何か予定が
　　　ありますか。

パク　私は本当にスキーに行きたいですが、
　　　お金がありませんから…。それで、
　　　うちでドラマを見たり、ごろごろしながら、
　　　ゆっくり休もうと思っています。

鈴木　それもいいですね。
　　　冬休みが楽しみですね。

## 말해보자

### 01

**❶** A　今年からタバコをやめることに
　　　　しました。

　　B　どうしてですか。

　　A　体に悪いからです。

**❷** A　毎日単語をたくさん覚えることに
　　　　しました。

　　B　どうしてですか。

　　A　もうすぐ試験だからです。

**❸** A　これから毎朝ジョギングをすることに
　　　　しました。

　　B　どうしてですか。

　　A　最近太ったからです。

**❹** A　出かけないことにしました。

　　B　どうしてですか。

　　A　雨が降っているからです。

**❺** A　アルバイトはしないことにしました。

　　B　どうしてですか。

　　A　来月は大事な試験があるからです。

### 02

**❶** A　東京に引っ越すことになりました。

　　B　どうしてですか。

　　A　転勤するからです。

**❷** A　入院することになりました。

　　B　どうしてですか。

　　A　ケガをしたからです。

❸ A　来週からアメリカに行くことに
　　なりました。
　 B　どうしてですか。
　 A　出張だからです。
❹ A　明日の飲み会に田中先生は
　　来ないことになりました。
　 B　どうしてですか。
　 A　このごろ忙しいからです。
❺ A　今度の旅行は行かないことになりました。
　 B　どうしてですか。
　 A　台風が来たからです。

**03**
❶ A　会社に間に合うように、何をしますか。
　 B　会社に間に合うように、
　　タクシーで行きます。
❷ A　早く病気が治るように、何をしますか。
　 B　早く病気が治るように、毎日薬を
　　飲みます。
❸ A　寝坊しないように、何をしますか。
　 B　寝坊しないように、早く寝ます。
❹ A　将来困らないように、何をしますか。
　 B　将来困らないように、お金を貯めます。
❺ A　道に迷わないように、何をしますか。
　 B　道に迷わないように、地図を見ます。

**들어보자**

**01**
❶ 수요일 – ③　　❷ 목요일 – ②
❸ 금요일 – ⑤　　❹ 주말 – ④

佐藤　シンさん、土曜日、時間がありますか。
シン　すみません。週末は家族と一緒にいる
　　ことにしています。毎日会社が
　　忙しくて、平日は子どもと話す時間が
　　あまりないですから、週末は子どもと
　　遊んだり、家族と買い物をしたりする
　　ようにしています。
佐藤　そうですか。
　　それじゃ、月曜日はどうですか。
シン　月曜日から出張に行くことに
　　なっています。
佐藤　いつ戻りますか。
シン　海外出張じゃないから、火曜日の
　　夜遅く帰ります。
佐藤　そうですか。
　　水曜日は何か予定がありますか。
シン　運動する時間があまりないですから、
　　太らないように毎週水曜日はジムに
　　通うことにしています。
佐藤　シンさんは本当に忙しいですね。
　　ジムが終わったら、何をしますか。
シン　木曜日の朝8時から会議をすることに
　　なっていますから、遅れないように
　　水曜日は運動が終わったら、早く
　　帰って寝ようと思っています。

佐藤　そうですか。

シン　ところで、どうして私のスケジュールを
　　　聞いていますか。

佐藤　実は、相談したいことがあって…。

シン　そうですか。すみません。
　　　金曜日は何も予定がありませんから、
　　　金曜日に会いましょうか。

佐藤　そうしてもいいですか。

シン　いいですよ。



**말해보자**

## 01

❶ A　ギターが弾けますか。

　 B　はい、弾けます。

　　　いいえ、弾けません。

❷ A　スキーができますか。

　 B　はい、できます。

　　　いいえ、できません。

❸ A　英語で電話がかけられますか。

　 B　はい、かけられます。

　　　いいえ、かけられません。

❹ A　ケータイで日本語が打てますか。

　 B　はい、打てます。

　　　いいえ、打てません。

❺ A　カードで払えますか。

　 B　はい、払えます。

　　　いいえ、払えません。

## 02

❶ A　朝早く起きられますか。

　 B　はい、前は起きられませんでしたが、
　　　今は起きられるようになりました。

❷ A　日本語だけで話せますか。

　 B　はい、前は話せませんでしたが、
　　　今は話せるようになりました。

❸ A　車の運転ができますか。

　 B　はい、前はできませんでしたが、
　　　今はできるようになりました。

❹ A　ドラマの日本語が聞き取れますか。
　　B　はい、前は聞き取れませんでしたが、
　　　　今は聞き取れるようになりました。

## 03

❶ まで
❷ までに
❸ まで
❹ まで
❺ までに
❻ までに
❼ まで
❽ までに

## 01

❶ ○　❷ ○　❸ ○　❹ X

Q：アンさんは転勤する時までに、
　　何ができるようになりますか。

アン　田中さん、実は私、4月から東京
　　　支社に転勤することになりました。
田中　え、あと3ヵ月しかありませんね。
アン　はい、それで少し心配しています。
　　　その時までに日本語でちゃんと仕事が
　　　できるようになりたいですが…。
田中　アンさんは日本語が上手ですから、
　　　大丈夫ですよ。
アン　そうですか。でも、私は日本人の
　　　友だちと話したり、ドラマを見たり
　　　することはできますが、仕事に使う
　　　日本語は難しそうで…。
田中　そうですか。アンさんは日本語で
　　　書類を作ったり、メールを書いたり
　　　することができますか。
アン　それは今もしていますから、大丈夫だと
　　　思います。それより、私は電話で
　　　日本人と話すことが心配です。
田中　そうですね。電話は難しいですね。
アン　4月まで一生懸命勉強すれば、電話で
　　　話せるようになると思いますか。
田中　うーん、4月までに電話で話せる
　　　ようになることは少し難しそうですね。
アン　そうですか。
　　　でも、これから頑張ります。

# 30 お酒を飲むと、顔が赤くなります。

**말해보자**

## 01

❶ A 一日中パソコンを使いました。
どうなりましたか。
B 一日中パソコンを使って、
目が痛くなりました。

❷ A みんなと一緒に旅行に行きました。
どうなりましたか。
B みんなと一緒に旅行に行って、
仲がよくなりました。

❸ A エレベーターができました。
どうなりましたか。
B エレベーターができて、
便利になりました。

❹ A 毎日勉強しました。
どうなりましたか。
B 毎日勉強して、日本語が前より
上手になりました。

❺ A 恋人にうそをつきました。
どうなりましたか。
B 恋人にうそをついて、
けんかになりました。

## 02

❶ A 恋人ができると、どうなりますか。
B 恋人ができると、幸せになります。

❷ A 毎日運動をすると、どうなりますか。
B 毎日運動をすると、
体が丈夫になります。

❸ A ストレスがたまると、どうなりますか。
B ストレスがたまると、病気になります。

❹ A お腹がいっぱいになると、
どうなりますか。
B お腹がいっぱいになると、
眠くなります。

❺ A 日本の番組を見ると、どうなりますか。
B 日本の番組を見ると、
日本へ遊びに行きたくなります。

## 03

❶ A 駅から近かったら、この家に住みますか。
B いいえ、駅から近くても、
この家に住みません。

❷ A 仕事が大変だったら、仕事をやめますか。
B いいえ、仕事が大変でも、
仕事をやめません。

❸ A 彼がお金持ちだったら、付き合いますか。
B いいえ、彼がお金持ちでも、
付き合いません。

❹ A 風邪を引いたら、学校を休みますか。
B いいえ、風邪を引いても、
学校を休みません。

❺ A 泣いたら、ストレスがなくなりますか。
B いいえ、泣いても、ストレスが
なくなりません。

## 들어보자

### 01

❶ ⑤　❷ ①　❸ ⑥　❹ ③

田中　パクさん、顔、赤いですよ。

パク　そうですか。私はお酒を飲むとすぐ顔が
赤くなりますから、恥ずかしいですよ。
田中さんは全然変わりませんね。

田中　そうですね。私はお酒を飲んでも顔は
赤くなりませんが、頭が痛くなって
しまって、気分が悪くなります。

鈴木　へえ、田中さんは気分が悪くなりますか。
私はお酒を飲むと、気分がよくなって、
おしゃべりになってしまいますけど…。

中村　それは鈴木さんはお酒が強いからですよ。

鈴木　そうですね。
中村さんはどうなりますか。

中村　私もお酒を飲んでも、顔は赤く
なりません。でも、眠くなって、
居酒屋で寝てしまう時もあります。

パク　え、心配ですね。気をつけてください。
チェさんはお酒を飲むと、
どうなりますか。

チェ　うーん、恥ずかしいですけど、お酒を
たくさん飲むと、歌ったり、踊ったり
します。

鈴木　おもしろいですね。でも、ときどき
お酒を飲むと、泣いたり笑ったりする
人もいますから、それよりは
いいですよ。

## 31 あそこで撮影があるようです。

### 말해보자

### 01

❶ A　あの二人はまた一緒にいますね。

　　B　そうですね。
付き合っているようですね。

❷ A　彼女は部屋を片付けていますね。

　　B　そうですね。暇なようですね。

❸ A　部屋の電気が消えていますね。

　　B　そうですね。留守のようですね。

❹ A　田中さんは甘いものを
食べませんでしたね。

　　B　そうですね。
ダイエット中だったようですね。

❺ A　彼は今日もうちにいますね。

　　B　そうですね。
約束がなかったようですね。

### 02

❶ A　あの子どもはかわいいですね。

　　B　そうですね。
まるで人形のようですね。

❷ A　彼はかっこいいですね。

　　B　そうですね。
まるで芸能人のようですね。

❸ A　ジョンさんは日本語がぺらぺらですね。

　　B　そうですね。
まるで日本人のようですね。

❹ A 鈴木さんは背が高くてスタイルが
　　　いいですね。
　　B そうですね。
　　　まるでモデルのようですね。

## 03

❶ A どんな物が飲みたいですか。
　　B 生ビールのような冷たいものが
　　　飲みたいです。

❷ A どんな人と結婚したいですか。
　　B 母のような優しい人と結婚したいです。

❸ A どんな所に住みたいですか。
　　B 京都のような古くてきれいな町に
　　　住みたいです。

❹ A どんなペットが飼いたいですか。
　　B マルチーズのような小さくてかわいい
　　　犬が飼いたいです。



## 01

❶ X　❷ X　❸ X　❹ O

例　アンさんは歌が上手ですか。

吉田　アンさんはよくカラオケに行きますね。

ホン　ええ、アンさんはカラオケがとても
　　　好きなようです。今日もイさんたちと
　　　一緒に行くそうですよ。

吉田　歌が上手ですか。

ホン　ええ、まるで歌手のようですよ。


❶ この部屋は留守ですか。

パク　部屋が暗いですね。

イ　　そうですね。誰もいないようですね。

パク　あれ、中から音が聞こえませんか。

イ　　ああ、電気を消して映画を見ている
　　　ようですね。

❷ 山田さんは上手に料理を作ることが
　　できますか。

山田　佐藤さんが作った料理はとても
　　　おいしいですね。

チェ　そうですね。まるで、レストランの
　　　料理のようですよ。

山田　いいですね。
　　　私は料理が下手ですから、佐藤さんの
　　　ような人がうらやましいです。

チェ　それなら、山田さんも少しは料理を
　　　練習してくださいね。

山田　はい、これから少しずつ頑張ります。

**❸ この二人はこれから服屋に行きますか。**

田中　あれ、ケータイがない。

チェ　かばんの中にもありませんか。

田中　ええ、さっき服を買った店に置いて
　　　きたようです。

チェ　でも、服を買った後にも、田中さん
　　　ケータイを持っていましたよ。

田中　そうですか。じゃあ、その後に行った
　　　トイレで忘れたみたいですね。

チェ　それはいけませんね。早く戻りましょう。

**❹ 中村さんは最近忙しいですか。**

高橋　中村さん、元気がありませんね。
　　　大丈夫ですか。

中村　実は最近仕事が多くて、寝る時間も
　　　あまりありませんでしたから…。

高橋　このチョコレート、よかったらどうぞ。
　　　疲れたときはチョコレートのような
　　　甘いものを食べながら、仕事して
　　　くださいね。

中村　ありがとうございます。

## 32 みんな優しくしてくれました。



**01**

❶ A　あなたは恋人に何をあげましたか。
　 B　(私は恋人に)花をあげました。

❷ A　あなたは田中さんに何をあげましたか。
　 B　(私は田中さんに)ネクタイを
　　　あげました。

❸ A　あなたは友だちに何をして
　　　あげましたか。
　 B　(私は友だちに)昼ごはんを
　　　おごってあげました。

❹ A　あなたは弟さんに何をして
　　　あげましたか。
　 B　(私は弟に)宿題を手伝って
　　　あげました。

**02-1**

❶ A　友だちはあなたに何をくれましたか。
　 B　(友だちは私に)手紙をくれました。

　 A　あなたは友だちに何をもらいましたか。
　 B　(私は友だちに)手紙をもらいました。

❷ A　恋人はあなたに何をくれましたか。
　 B　(恋人は私に)財布をくれました。

　 A　あなたは恋人に何をもらいましたか。
　 B　(私は恋人に)財布をもらいました。

❸ A　田中さんはあなたに何をくれましたか。
　 B　(田中さんは私に)日本のお菓子を
　　　くれました。

A　あなたは田中さんに何をもらいましたか。
B　(私は田中さんに)日本のお菓子を
　　もらいました。

**④** A　先生はあなたに何をくれましたか。
　　 B　(先生は私に)辞書をくれました。

A　あなたは先生に何をもらいましたか。
B　(私は先生に)辞書をもらいました。

## 02-2

**①** A　先生はあなたに何をしてくれましたか。
　　 B　(先生は私に)日本の大学を
　　　　調べてくれました。

A　あなたは先生に何をしてもらいましたか。
B　(私は先生に)日本の大学を
　　調べてもらいました。

**②** A　マイケルさんはあなたに何をして
　　　　くれましたか。
　　 B　(マイケルさんは私に)英語を
　　　　教えてくれました。

A　あなたはマイケルさんに何をして
　　もらいましたか。
B　(私はマイケルさんに)英語を
　　教えてもらいました。

**③** A　お兄さんはあなたに何をして
　　　　くれましたか。
　　 B　(兄は私に)重い荷物を運んで
　　　　くれました。

A　あなたはお兄さんに何をして
　　もらいましたか。
B　(私は兄に)重い荷物を運んで
　　もらいました。

**④** A　友だちは息子さんに何をして
　　　　くれましたか。
　　 B　(友だちは息子に)本を買って
　　　　くれました。

A　息子さんは友だちに何をして
　　もらいましたか。
B　(息子は友だちに)本を買って
　　もらいました。

## 03

**①** A　健康のために、何をしますか。
　　 B　健康のために、体にいい物を食べます。

**②** A　留学のために、何をしますか。
　　 B　留学のために、お金を貯めます。

**③** A　デジカメを買うために、何をしますか。
　　 B　デジカメを買うために、アルバイトを
　　　　します。

**④** A　大学に入るために、何をしますか。
　　 B　大学に入るために、一生懸命、
　　　　勉強します。

**⑤** A　病気を治すために、何をしますか。
　　 B　病気を治すために、毎日薬を飲みます。

정답 및 스크립트

## 33 門限がなくて、10時までに帰らなくてもいいです。

### 듣어보자

**01**

田中（⑤）→ キム（④）
鈴木（①）→ パク（⑥）

先生　誕生日のプレゼントは何がいいですか。
　　　クラスのみなさんは何をあげたり、
　　　何をもらったりしましたか。
　　　みんなで話しましょう。
田中　私はキムさんの誕生日に日本語の
　　　辞書をあげました。そして、私の
　　　誕生日にパクさんがケーキを作って
　　　くれました。
キム　日本語の勉強のために必要でしたから、
　　　田中さんに辞書を買ってもらって本当に
　　　うれしかったです。
先生　そうですか。
　　　パクさんは何をもらいましたか。
パク　鈴木さんに日本のCDをもらいました。
　　　私が好きな歌手のCDですから、
　　　うれしかったです。
先生　そうですか。よかったですね。
　　　鈴木さんはどうでしたか。
鈴木　キムさんに韓国ドラマのDVDを
　　　もらいました。前から見たいと思って
　　　いましたから、とてもうれしかった
　　　です。それに韓国語の会話を練習する
　　　ためにもいいですから。
先生　みんないろいろなものをあげたり、
　　　もらったりして、よかったですね。

### 말해보자

**01**

❶ A　今日は出かけなくてもいいですか。
　 B　はい、出かけなくてもいいです。
　　　いいえ、出かけなければなりません。

❷ A　レストランを予約しなくてもいいですか。
　 B　はい、予約しなくてもいいです。
　　　いいえ、予約しなければなりません。

❸ A　今日中に本を返さなくてもいいですか。
　 B　はい、返さなくてもいいです。
　　　いいえ、返さなければなりません。

❹ A　早くうちに帰らなくてもいいですか。
　 B　はい、帰らなくてもいいです。
　　　いいえ、帰らなければなりません。

❺ A　就職する時、英語ができなくても
　　　いいですか。
　 B　はい、できなくてもいいです。
　　　いいえ、できなければなりません。

**02**

❶ 時間がなくて、旅行に行けません。
❷ 昨日は仕事が忙しくなくて、暇でした。
❸ 全然勉強しないで、テストを受けました。
❹ 昨日は夜遅くまで仕事が終わらなくて、
　 大変でした。
❺ 旅行は山じゃなくて、海に行きます。
❻ 手を洗わないで、食べてはいけません。

❼ 田中さんは学生じゃなくて、
冬休みがありません。

❽ 電気を消さないで、寝ています。

## 03

❶ A めがねをかけて、新聞を読みますか。

　 B いいえ、めがねをかけないで、
新聞を読みます。

❷ A 靴を脱いで、部屋に入りますか。

　 B いいえ、靴を脱がないで、
部屋に入ります。

❸ A 帽子をかぶって、授業を受けますか。

　 B いいえ、帽子をかぶらないで、
授業を受けます。

❹ A 昨日朝ごはんを食べて、
出勤しましたか。

　 B いいえ、昨日朝ごはんを食べないで、
出勤しました。

❺ A 昨日ケータイを持って、
出かけましたか。

　 B いいえ、昨日ケータイを持たないで、
出かけました。



## 01

❶ X　❷ X　❸ ○　❹ ○　❺ X

| | |
|---|---|
| ホン | 高橋さん、今日は疲れているようですね。 |
| 高橋 | はい、今日は朝会議があって、7時までに会社に行かなければなりませんでしたから…。 |
| ホン | 朝から会議ですか。 |
| 高橋 | はい、それで今日は朝時間がなくて、朝ごはんも食べないで会社に行きましたよ。 |
| ホン | それは大変でしたね。 |
| 高橋 | ええ、その後も午前中はずっと報告書を書かなければならなかったです。 |
| ホン | え、昼まで少しも休まないで仕事をしましたか。 |
| 高橋 | ええ、いつもは朝、コーヒーを飲んでから仕事を始めますが、今日はコーヒーも飲まないでずっと仕事をしました。 |
| ホン | 本当に忙しかったようですね。それで報告書は終わりましたか。 |
| 高橋 | はい、3時ごろ終わりました。 |
| ホン | じゃあ、その後は少しゆっくりできましたか。 |

高橋　いいえ、その後5時からまた会議が
　　　あって、本社に行かなければなりません
　　　でしたから。
　　　今日は本当に疲れましたよ。
ホン　おつかれさまでした。
　　　さあ、どうぞ。ビールでも
　　　飲みましょう。
高橋　ありがとうございます。
　　　いただきます。

## 34 これは韓国でたくさんの人に 読まれている小説です。

### 말해보자

**❶** A　どうしたんですか。
　　B　どろぼうに入られました。
　　A　それは大変でしたね。

**❷** A　どうしたんですか。
　　B　恋人に振られました。
　　A　それは残念でしたね。

**❸** A　どうしたんですか。
　　B　先生にほめられました。
　　A　それはよかったですね。

**❹** A　どうしたんですか。
　　B　彼氏にプロポーズされました。
　　A　それはよかったですね。

### 02

**❶** A　どうしたんですか。
　　B　すりに財布を掏られました。
　　A　それは大変でしたね。

**❷** A　どうしたんですか。
　　B　外国人に英語で道を聞かれました。
　　A　それは大変でしたね。

**❸** A　どうしたんですか。
　　B　犬にあしを噛まれました。
　　A　それは大変でしたね。

**❹** A　どうしたんですか。
　　B　弟に先週買ったデジカメを壊されました。
　　A　それは大変でしたね。

**⑤** A どうしたんですか。
B 母に大事な書類を捨てられました。
A それは大変でしたね。

## 03

**❶** A 一晩中、子どもに泣かれたことが
ありますか。
B はい、一晩中、子どもに泣かれて、
寝られませんでした。

**❷** A 飼っていた犬に死なれたことが
ありますか。
B はい、飼っていた犬に死なれて、
とても悲しかったです。

**❸** A 電車の中で高校生に騒がれたことが
ありますか。
B はい、電車の中で高校生に騒がれて、
とても迷惑でした。

**❹** A 試験があるけど、友だちに来られた
ことがありますか。
B はい、試験があるけど、友だちに
来られて、全然勉強できませんでした。

## 04

**❶** A バターは何から作られますか。
B 牛乳から作られます。

**❷** A 卒業式はいつ行われますか。
B 2月20日に行われます。

**❸** A そのスニーカーはいくらで売られて
いますか。
B 3980円で売られています。

**❹** A 漢字はどんな国で使われていますか。
B 日本や中国で使われています。

## 05

**❶** A 富士山という山を知っていますか。
B はい、知っています。
いいえ、知りません。

**❷** A 渋谷というところを知っていますか。
B はい、知っています。
いいえ、知りません。

**❸** A ゆかたという服を知っていますか。
B はい、知っています。
いいえ、知りません。

**❹** A 駅弁という弁当を知っていますか。
B はい、知っています。
いいえ、知りません。



## 01

**❶** a  **❷** a  **❸** b  **❹** a

예 山田さんは彼女に振られました。
**❶** お父さんはお母さんに怒られました。
**❷** マイケルさんはキムさんに招待されました。
**❸** 私は娘に朝早く起こされました。
**❹** 私は弟にケーキを食べられました。

## 35 私は子どもを自由に遊ばせます。

### 말해보자

**01**

**❶** A もしあなたが親だったら、
子どもに何をさせますか。
B 外国語を習わせます。

**❷** A もしあなたが親だったら、
子どもに何をさせますか。
B 日本に留学させます。

**❸** A もしあなたが親だったら、
子どもに何をさせますか。
B 体にいい物を食べさせます。

**❹** A もしあなたが親だったら、
子どもに何をさせますか。
B 自由に遊ばせます。

**❺** A もしあなたが親だったら、
子どもに何をさせますか。
B 自分の部屋を片付けさせます。

**02**

**❶** A 子どもが太っています。
どうしますか。
B 子どもに運動をさせます。

**❷** A 仕事が忙しいです。
どうしますか。
B 後輩に仕事を手伝わせます。

**❸** A お腹が空きました。
どうしますか。
B 妹に料理を作らせます。

**❹** A 部長が出張から帰ります。
どうしますか。
B 部下に迎えに来させます。

**03**

**❶** A このカメラをどう思いますか。
B 軽いし、使い方も簡単だし、
値段も安いと思います。

**❷** A 山田さんをどう思いますか。
B 美人だし、英語もできるし、
とてもいいと思います。

**❸** A その車をどう思いますか。
B 有名な会社のものだし、とても
人気があるし、丈夫だと思います。

**❹** A あのレストランをどう思いますか。
B おいしくないし、高いし、店員も
親切じゃないと思います。

## 들어보자

### 01

| | | パク | 鈴木 |
|---|---|---|---|
| 先生 | 単語 | O | O |
| | 漢字 | X | O |
| 親 | 英語 | O | X |
| | 運動 | O | O |

鈴木　もしパクさんが日本語の先生だったら、
　　　学生に何をさせますか。

パク　私が先生だったら、単語をたくさん
　　　覚えさせます。

鈴木　私もです。単語はやっぱり必要です
　　　からね。それから、私は毎日漢字の
　　　宿題をさせます。

パク　毎日ですか。それはちょっと…。
　　　漢字は難しいし、大変ですから、
　　　私はあまり書かせたくないですね。

鈴木　そうですか。じゃあ、もしパクさんに
　　　子どもができたら、子どもに何を
　　　させたいですか。

パク　そうですね。やっぱり英語を
　　　習わせたいですね。

鈴木　英語ですか。子どもが小さいときは、
　　　英語はあまり要らないと思います。
　　　私はそれより、健康のために運動を
　　　させたいです。

パク　それもいいですね。私も運動は
　　　させたいと思います。
　　　最近の子どもは習い事が多くて、
　　　遊ぶ時間があまりないですからね。

## 말해보자

### 01

❶ もう12月なのに、あまり寒くありません。

❷ 彼女はきれいなので、人気があります。

❸ あの店は安くておいしいので、
　　いつも人が多いです。

❹ 彼は日本に留学したことがあるのに、
　　日本語が下手です。

❺ 去年は学生だったので、
　　お金がありませんでした。

❻ 旅行に行きたかったのに、
　　休みが取れませんでした。

❼ 風邪を引いてしまったので、今日は早く寝ます。

❽ 昔は地味だったのに、おしゃれになりました。

### 02

❶ A　風邪が治らないんですか。
　 B　はい、薬を飲んだのに、治らないんです。

❷ A　眠いんですか。
　 B　はい、昨日早く寝たのに、眠いんです。

❸ A　その料理はおいしくないんですか。
　 B　はい、高いのに、おいしくないんです。

❹ A　日本語が下手なんですか。
　 B　はい、日本に住んでいるのに、
　　　日本語が下手なんです。

## 03

**①** A　どうして朝ごはんを食べないんですか。
　　B　時間がないので、食べないんです。

**②** A　どうして引っ越したいんですか。
　　B　会社が遠いので、
　　　　引っ越したいんです。

**③** A　どうしてダイエットをしているんですか。
　　B　もうすぐ夏なので、ダイエットを
　　　　しているんです。

**④** A　どうして彼が嫌いなんですか。
　　B　わがままなので、嫌いなんです。

**⑤** A　どうして遅れたんですか。
　　B　地下鉄が来なかったので、
　　　　遅れたんです。

## 들어보자

## 01

**①** ○　**②** ×　**③** ○

**예**　この人は日本に留学に行きますか。

ユン　キムさんは本当に日本語が上手ですね。

田中　そうですね。とても上手ですね。

ユン　私もキムさんのように日本語が
　　　上手になりたいので、日本に
　　　留学しようと思っているんです。

田中　でも、キムさんは留学したことが
　　　ないそうですよ。

ユン　留学に行ったことがないのに、
　　　すごいですね。

田中　ええ、ずっと韓国で勉強したそうですよ。

ユン　そうですか。でも、私は1年ぐらいは
　　　行きたいです。

**①** この人は明日出張に行きますか。

松岡　パクさん、また残業ですか。

パク　はい、今日も残業なのに、明日も
　　　出張に行かなければならないんですよ。

松岡　今日は残業で、明日は出張ですか。
　　　大変ですね。

パク　明日の出張は課長が行く予定でしたが、
　　　課長が病気になってしまって…。

松岡　それで、パクさんが行くことに
　　　なったんですか。

パク　ええ。最近本当に疲れているので、
　　　少しは休みたいんですが…。

❷ この人は今度の飲み会に来られますか。

木村　今週の土曜日、中村先輩とみんなで
　　　飲み会をするつもりですが、
　　　ユンさんも来られますね。

ユン　行きたいんですが、今週は大学の時の
　　　先生に会う約束があるんです。
　　　来週なら行けますが…。

木村　そうですか。でも、中村先輩が
　　　来週日本に帰るから、
　　　今週しかできないんです。

ユン　残念ですが、それなら、私は
　　　難しそうですね。

❸ キムさんは田中さんのために料理を
　作りますか。

中村　キムさん、来週田中さんの
　　　誕生日パーティーをするつもりです。

キム　そうですか。
　　　私は何をすればいいですか。

中村　韓国料理を作ってもらえますか。

キム　すみません。
　　　私、料理が下手なんですよ。

中村　そうですか。残念ですね。

キム　でも、下手なんですが、
　　　母に手伝ってもらって作って来ます。



**말해보자**

## 01

❶ A デートの時、彼女に何を
　　させられましたか。

　B デートの時、彼女に高いかばんを
　　買わされました。

❷ A 高校の時、先生に何を
　　させられましたか。

　B 高校の時、先生に毎日漢字の試験を
　　受けさせられました。

❸ A 入社したばかりの時、上司に何を
　　させられましたか。

　B 入社したばかりの時、上司に毎日
　　夜遅くまで働かされました。

❹ A 飲み会の時、友だちに何を
　　させられましたか。

　B 飲み会の時、友だちに隣の席から
　　お酒をもらってこさせられました。

## 02

❶ A 仕事はもう終わりましたか。

　B はい、もう終わりました。
　　いいえ、まだ終わっていません。

❷ A 飛行機はもう予約しましたか。

　B はい、もう予約しました。
　　いいえ、まだ予約していません。

❸ A この課の単語はもう覚えましたか。

　B はい、もう覚えました。
　　いいえ、まだ覚えていません。

④ A 先生に借りた本はもう読みましたか。

B はい、もう読みました。

いいえ、まだ読んでいません。

⑤ A 旅行先はもう決めましたか。

B はい、もう決めました。

いいえ、まだ決めていません。



## 01

| 내가 한 일 | 부하가 한 일 |
| --- | --- |
| ① ⑥ ④ | ③ ② ⑤ |

森田 今日は朝からいろいろな仕事を させられて、本当に大変な 一日でしたよ。

山下 へえ、何をさせられたんですか。

森田 朝会社に着いたら、すぐに部長に 呼ばれました。それで、会議の資料を 作るように言われました。

山下 へえ、朝から大変ですね。

森田 そうですよ。それにコーヒーまで 入れるように言われました。でも、 会議の準備がまだ終わっていなかった から、それは部下に頼みました。

山下 ひどいですね。

森田 はい、その後課長に会議に 行かされました。会議が終わったら、 すぐに社長を空港に迎えに行くように 言われましたが、それは部下が行って くれました。

山下 よかったですね。 ちょっと大変すぎますよ。

森田 でも、その後も会議の報告書を 書かされました。それから、明日の 会議の資料もコピーするように 言われましたが、それは部下に頼みました。

**말해보자**

**01**

**❶**
A どうしたんですか。
B お腹の調子が悪いんです。
A それなら、薬を飲んだ方がいいですよ。
それなら、冷たいものを
食べすぎない方がいいですよ。

**❷**
A どうしたんですか。
B ストレスがたまっているんです。
A それなら、好きなものを食べたり、
遊んだりした方がいいですよ。
それなら、今日は仕事をしない方が
いいですよ。

**❸**
A どうしたんですか。
B 風邪なんです。
A それなら、早く病院に行った方が
いいですよ。
それなら、今日は出かけない方が
いいですよ。

**❹**
A どうしたんですか。
B 日本語の会話が下手なんです。
A それなら、日本人の友だちを
作った方がいいですよ。
それなら、授業中、韓国語を
使わない方がいいですよ。

**02**

**❶**
A どうしたんですか。
B 恋人がほしいのに、
なかなかできないんです。
A それなら、友だちに相談したらどうですか。
B わかりました。友だちに相談してみます。

**❷**
A どうしたんですか。
B 日本の会社に就職したいんです。
A それなら、今度、あの会社の面接を
受けたらどうですか。
B わかりました。今度、あの会社の
面接を受けてみます。

**❸**
A どうしたんですか。
B 明日の発表が心配なんです。
A それなら、もう一度資料を
チェックしたらどうですか。
B わかりました。
もう一度資料をチェックしてみます。

**❹**
A どうしたんですか。
B 日本語の聞き取りが下手なんです。
A それなら、毎日CDを聞きながら
練習したらどうですか。
B わかりました。
毎日CDを聞きながら練習してみます。

## 들어보자

### 01

❶ a, b　　❷ c　　❸ b, c

**［예］**

医者　どうしましたか。

中村　実は昨日からのどが痛くて、
　　　熱もあるんです。

医者　そうですか。うーん、風邪ですね。
　　　今日はゆっくり休んでください。

中村　タバコを吸ってもいいですか。

医者　のどが痛かったら、
　　　タバコを吸ってはいけません。

中村　わかりました。お風呂は大丈夫ですか。

医者　熱がありますから、今日はお風呂に
　　　入らないで、早く寝た方がいいですよ。

中村　わかりました。

医者　お大事に。

**❶**

カン　山田さん、会話が上手になるために
　　　何をした方がいいですか。

山田　会話ですか。

カン　はい、会話は難しすぎて、なかなか
　　　上手になれません。

山田　そうですね。会話は本当に
　　　難しいですね。私は韓国語を
　　　勉強する時、韓国のドラマを見たり、
　　　歌を聞いたりしました。

カン　ドラマと歌ですか。

山田　ええ、そうしながら、練習しました
　　　から、カンさんもしてみたら
　　　どうですか。

カン　わかりました。してみます。

山田　それから、会話が上手になりたければ、
　　　辞書を見ないで話すようにした方が
　　　いいですよ。

**❷**

山下　チェさん、疲れているようですね。
　　　どうしたんですか。

チェ　最近、夜あまり寝られないんです。

山下　チェさんはよくコーヒーを飲むから
　　　じゃないですか。コーヒーは飲みすぎない
　　　方がいいですよ。

チェ　ええ、それで最近はあまり飲まない
　　　ようにしているんですが、それでも
　　　寝られないので、最近は難しい本を
　　　読むようにしています。

山下　それはよくないですよ。早く寝られる
　　　ように電気を消した方がいいですよ。

**❸**

イ　　何かあったんですか。

高橋　彼女が電話に出ないんです。

イ　　え、どうしてですか。

高橋　実は昨日彼女との約束をすっかり忘れて、
　　　1時間も待たせてしまったんです。
　　　それで、彼女が今怒っています。

イ　　それなら電話じゃだめですよ。
　　　会ってあやまった方がいいと
　　　思いますよ。

高橋　でも、電話に出てくれないから…。

イ　　じゃあ、プレゼントを買って彼女の
　　　うちに行ってみたらどうですか。

高橋　そうですね。そうしてみます。

**말해보자**

## 01

**❶** A　彼は最近日本語が上手に
　　　　なったらしいですね。

　　B　そうですね。
　　　　彼女が日本人らしいですよ。

**❷** A　田中さんが会社を
　　　　辞めるらしいですね。

　　B　そうですね。お父さんの会社を
　　　　手伝うつもりらしいですよ。

**❸** A　パクさんは引っ越したらしいですね。

　　B　そうですね。うちが遠くて
　　　　大変だったらしいですよ。

**❹** A　あの二人は別れたらしいですね。

　　B　そうですね。性格が合わなかった
　　　　らしいですよ。

## 02

**❶** A　彼女は発音がいいですね。

　　B　そうですね。
　　　　本当にアナウンサーらしいですね。

**❷** A　鈴木さんの子どもは元気ですね。

　　B　そうですね。
　　　　本当に子どもらしいですね。

**❸** A　京都は着物を着ている人が
　　　　多いですね。

　　B　そうですね。
　　　　本当に日本らしいですね。

**❹** A　あの子は化粧をしていますね。

　　B　そうですね。
　　　　あまり中学生らしくありませんね。

**❺** A　今年はキャロルがあまり聞こえませんね。

　　B　そうですね。
　　　　あまりクリスマスらしくありませんね。

**❻** A　彼は食べ物の好き嫌いが多いですね。

　　B　そうですね。
　　　　あまり大人らしくありませんね。

## 03

**❶** A　今度の試験に受かるでしょうか。

　　B　受かるかもしれません。
　　　　受からないかもしれません。

**❷** A　あの人はお金持ちでしょうか。

　　B　お金持ちかもしれません。
　　　　お金持ちじゃないかもしれません。

**❸** A　大学の時、田中さんは
　　　　真面目だったでしょうか。

　　B　真面目だったかもしれません。
　　　　真面目じゃなかったかもしれません。

**❹** A　高校の時、彼は人気があったでしょうか。

　　B　人気があったかもしれません。
　　　　人気がなかったかもしれません。

**01**

❶ a  ❷ c  ❸ b

鈴木　ソンさん、中村さんが結婚する
　　　らしいですよ。

ソン　え、本当ですか。いつですか。

鈴木　2ヵ月後らしいですよ。

ソン　今6月だから…。
　　　へえ、夏の結婚式ですね。
　　　あと2ヵ月ですから、今中村さんは
　　　忙しいでしょうね。

鈴木　そうかもしれません。仕事もしながら
　　　結婚準備もしていますから。

ソン　相手はどんな人ですか。

鈴木　私も会ったことはないんですが、
　　　背が高くてスポーツが好きで、
　　　とても男らしい人だそうです。

ソン　へえ、二人は会社で会ったんですか。

鈴木　私もそう思ったんですが違うそうです。
　　　学生時代に会ったらしいですよ。

ソン　ああ、同じ大学だったんですか。

鈴木　いいえ、大学の時、
　　　同じバイトだったと聞きました。

ソン　そうですか。新婚旅行はどこに
　　　行くでしょうか。
　　　最近はフランスやイタリアなどの
　　　ヨーロッパが人気らしいですが、
　　　中村さんは海が好きですから、
　　　海を見に行くかもしれませんね。

鈴木　はい、本当はハワイに行きたかった
　　　そうですが、新婚旅行はサイパンに
　　　行くそうです。

ソン　そうですか。うらやましいですね。

# 40 パーティーの料理は作ってありますか。



## 01

❶ 窓が開いています。

❷ カレンダーが落ちています。

❸ テレビがついています。

❹ 本が倒れています。

❺ 電気が消えています。

❻ 服が汚れています。

## 02

❶ 窓を閉めました。

それで、窓が閉めてあります。

❷ カレンダーをかけました。

それで、カレンダーがかけてあります。

❸ テレビを消しました。

それで、テレビが消してあります。

❹ 本を並べました。

それで、本が並べてあります。

❺ 電気をつけました。

それで、電気がつけてあります。

❻ 服を洗いました。

それで、服が洗ってあります。

## 03

❶ A 山登りに行く前に、

何をしておきますか。

B 地図を見ておきます。

❷ A パーティーをする前に、

何をしておきますか。

B ワインを冷やしておきます。

❸ A 就職面接を受ける前に、

何をしておきますか。

B その会社について調べておきます。

❹ A 会議の前に、何をしておきますか。

B 資料を集めておきます。

❺ A 試験の前に、何をしておきますか。

B 習ったことを復習しておきます。

들어보자

## 01

b

| | |
|---|---|
| 大野（おおの） | 松本（まつもと）さん、もうすぐパーティーの時間（じかん）ですね。 |
| 松本（まつもと） | そうですね。お皿（さら）とコップは出（だ）してありますか。 |
| 大野（おおの） | ええ、テーブルに並（なら）べておきましたよ。 |
| 松本（まつもと） | 花（はな）は買（か）ってきましたか。 |
| 大野（おおの） | 山田（やまだ）さんが買（か）ってきてくれたので、私（わたし）がテーブルの上（うえ）に飾（かざ）っておきました。 |
| 松本（まつもと） | ありがとうございました。窓（まど）はどうなっていますか。 |
| 大野（おおの） | さっきは窓（まど）が開（あ）いていたので、閉（し）めました。それから、エアコンがついていなくて少（すこ）し暑（あつ）かったので、つけておきました。 |
| 松本（まつもと） | じゃあ、準備（じゅんび）はだいたいできましたね。ワインと果物（くだもの）は冷（ひ）やしてありますか。 |
| 大野（おおの） | ワインは冷（ひ）やしてありますが、果物（くだもの）は忘（わす）れていました。 |
| 松本（まつもと） | 果物（くだもの）は食事（しょくじ）の後（あと）に食（た）べる予定（よてい）ですから、今（いま）からでも冷蔵庫（れいぞうこ）に入（い）れておいてください。 |
| 大野（おおの） | わかりました。今（いま）すぐします。 |

일본어가 쑥쑥 자라는
NEW
스쿠스쿠
すくすく
日本語
기초완성
下
워크북
PAGODA Books

**PAGODA Books**

# 21 人が多かったけど、とても楽しかった。



**01** 다음 한자를 히라가나로 써 보세요.

① 優 しい　　② 仲 間　　③ 厳 しい

④ 去 年　　⑤ 景 色　　⑥ 昔

**02** 다음 히라가나를 한자로 써 보세요.

① ざん ねん　　　だ

② しょう かい　　　する

③ つか　　　れる

④ せい かく

⑤ せま　　　い

⑥ さい きん

⑦ こん ど

⑧ じつ　　　は

⑨ ね ぼう　　　する

**03** 다음 히라가나를 카타카나로 써 보세요.

① てーまぱーく　　② しょー　　③ たいぷ

**01 다음 문장을 한국어로 해석해 보세요.**

① 富士山は高くて大変でしたけど、景色はとてもよかったです。

_______________________________________________

② 去年の夏は暑くありませんでした。 _______________________

③ 昔は運動が好きだったけど、あまり上手じゃなかった。

_______________________________________________

**02 다음 문장을 일본어로 만들어 보세요.**

① 여행은 피곤했습니다만, 매우 즐거웠습니다. _______________________

② 호텔은 조용했지만, 좁았다. _______________________________

③ 지난주 토요일은 한가하지 않았습니다. _______________________


🎧 **듣기 연습** 🔘 Track 01

**01 다음 단어를 듣고 받아 써 보세요.**

① ____________ ② ____________ ③ ____________

④ ____________ ⑤ ____________ ⑥ ____________

**02 다음을 문장을 듣고 받아 써 보세요.**

① _______________________________________________

② _______________________________________________

③ _______________________________________________

# 22 中村さんが 結婚するそうです。

## 글자연습

**01** 다음 한자를 히라가나로 써 보세요.

① 国 際 結 婚　② 趣 味　③ 地 震

④ 天 気 予 報　⑤ 二 人　⑥ 体

**02** 다음 히라가나를 한자로 써 보세요.

① ぜん ぜん

② あい て

③ す　む

④ しあわ　せだ

⑤ らく　だ

⑥ せん ぱい

⑦ こい びと

⑧ し　る

⑨ おな　じ

**03** 다음 히라가나를 카타카나로 써 보세요.

① ぱそこん　② あるばいと　③ にゅーす

**01 다음 문장을 한국어로 해석해 보세요.**

① 山田さんによると、田中さんは最近結婚して幸せだそうです。

_______________________________________________

② うわさによると、中村さんは彼氏がいるそうです。

_______________________________________________

③ 医者によると、この料理は体によくないそうです。

_______________________________________________

**02 다음 문장을 일본어로 만들어 보세요.**

① 다나가 씨에 의하면, 저 두 사람은 애인이라고 합니다.

_______________________________________________

② 스즈끼 씨에 의하면, 어제 회식에 사장님은 오지 않았다고 합니다.

_______________________________________________

③ 친구의 말에 의하면, 그 아르바이트는 편했다고 합니다.

_______________________________________________

🎧 **듣기연습** 🎵 Track 02

**01 다음 단어를 듣고 받아 써 보세요.**

①　　　　　　　　　　②　　　　　　　　　　③

④　　　　　　　　　　⑤　　　　　　　　　　⑥

**02 다음을 문장을 듣고 받아 써 보세요.**

①  _______________________________________________

②  _______________________________________________

③  _______________________________________________

# 23 貿易会社だったら、<br>アドバイスができると思います。

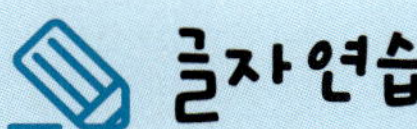


**01** 다음 한자를 히라가나로 써 보세요.

① 貿　易　会　社　　② 準　備　　③ 着 く

④ 一　生　懸　命　　⑤ 試　合　　⑥ 頑　張 る

**02** 다음 히라가나를 한자로 써 보세요.

① そつ ぎょう する　　② はたら く　　③ こう つう

④ みじか い　　⑤ む り　　⑥ いた い

⑦ あん ない する　　⑧ たから くじ　　⑨ あ たる

**03** 다음 히라가나를 카타카나로 써 보세요.

① あどばいす　　② どらいぶ　　③ どらま

## 📄 문장연습

**01** 다음 문장을 한국어로 해석해 보세요.

① 日本人の友だちができたら、ソウルを案内します。

_________________________________________________

② 食事をしに店に行ったら、休みでした。 _________________

③ 彼はこのごろ忙しいから、週末も暇じゃなかったと思います。

_________________________________________________

**02** 다음 문장을 일본어로 만들어 보세요.

① 역에 도착하면 전화해 주세요. _________________________

② 교통이 불편하다면, 이사는 단념하겠습니다. _____________

③ 나까무라 씨는 약을 먹고 있기 때문에 감기라고 생각합니다.

_________________________________________________

## 🎧 듣기연습 💿 Track 03

**01** 다음 단어를 듣고 받아 써 보세요.

① ____________  ② ____________  ③ ____________

④ ____________  ⑤ ____________  ⑥ ____________

**02** 다음을 문장을 듣고 받아 써 보세요.

① _________________________________________________

② _________________________________________________

③ _________________________________________________

# 3時間しか寝る時間が
# ありませんでした。

##  글자연습

**01** 다음 한자를 히라가나로 써 보세요.

① 国　　② 二 日　　③ 流 行 る

④ 出 す　　⑤ 4 　 人　　⑥ 大 　 会

**02** 다음 히라가나를 한자로 써 보세요.

① あつ　　　　② れん しゅう　　③ ない よう
　　まる　　　　　　　 する

④ ぶん か　　　⑤ ひ　　　　　⑥ か
　　　　　　　　　　く　　　　　　　 りる

⑦ おん がく　　⑧ ちが　　　　⑨ さん か
　　　　　　　　　　い　　　　　　　　 する

**03** 다음 히라가나를 카타카나로 써 보세요.

① すぴーち　　　② ぴあの　　　③ わんぴーす

## 01 다음 문장을 한국어로 해석해 보세요.

① 韓国と日本の文化の違いを紹介する内容のスピーチをします。

② 日本にいた時、よく食べに行った店はラーメン屋です。

③ 昨日、３時間しか寝ることができませんでしたから、今日は眠いです。

## 02 다음 문장을 일본어로 만들어 보세요.

① 여러 나라에서 온 유학생이 모여서, 한국어로 스피치를 하는 대회입니다.

② 나는 주 1회밖에 운동을 하지 않습니다.

③ 대학 선배가 살고 있는 곳은 동경입니다.

## 🎧 듣기 연습 ⓞTrack 04

## 01 다음 단어를 듣고 받아 써 보세요.

①　　　　　　②　　　　　　③

④　　　　　　⑤　　　　　　⑥

## 02 다음을 문장을 듣고 받아 써 보세요.

①

②

③

# 25 ビビンパが食べたければ、今度の旅行は全州にしましょう。

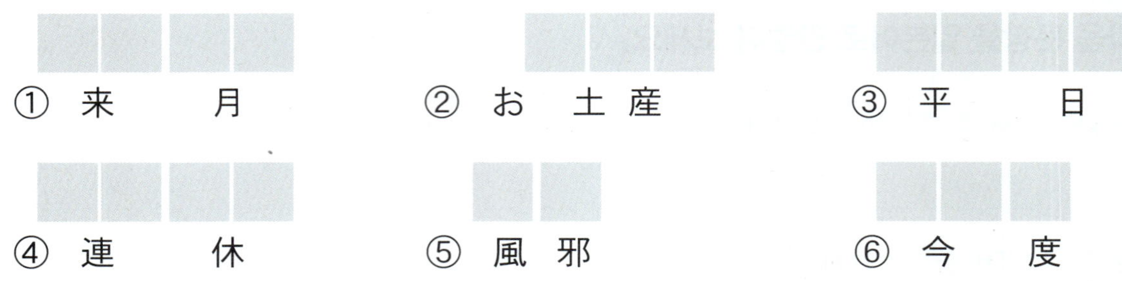

## 글자연습

**01** 다음 한자를 히라가나로 써 보세요.

① 来　月　　② お　土　産　　③ 平　日

④ 連　休　　⑤ 風　邪　　⑥ 今　度

**02** 다음 히라가나를 한자로 써 보세요.

① のぼ　　る　　② ごう かく　　する　　③ あん ぜん　　だ

④ し けん　　⑤ かい ぎ　　⑥ えき まえ

**03** 다음 카타카나를 히라가나로 써 보세요.

① でざーと　　② せーる　　③ だんす

④ ほらー　　⑤ ぱーてぃー　　⑥ りーだー

## 01 다음 문장을 한국어로 해석해 보세요.

① 車があれば便利ですが、なければバスで行くこともできます。

_______________________________________________

② お見合いの場所はあのレストランにしましょう。

_______________________________________________

③ おいしい店ならごはんを食べに行きたいですが、料理がおいしくなければ

　行きたくありません。

_______________________________________________

## 02 다음 문장을 일본어로 만들어 보세요.

① 이번 회식은 어디로 할까요? _______________________________

② 내일, 몇 시에 오면, 선생님을 만날 수 있습니까? _______________

③ 스키장이 안전하다면, 스키타러 가고 싶습니다. ________________

🎧 **듣기연습** 🎵 Track 05

## 01 다음 단어를 듣고 받아 써 보세요.

① _______________　② _______________　③ _______________

④ _______________　⑤ _______________　⑥ _______________

## 02 다음을 문장을 듣고 받아 써 보세요.

① _______________________________________________

② _______________________________________________

③ _______________________________________________

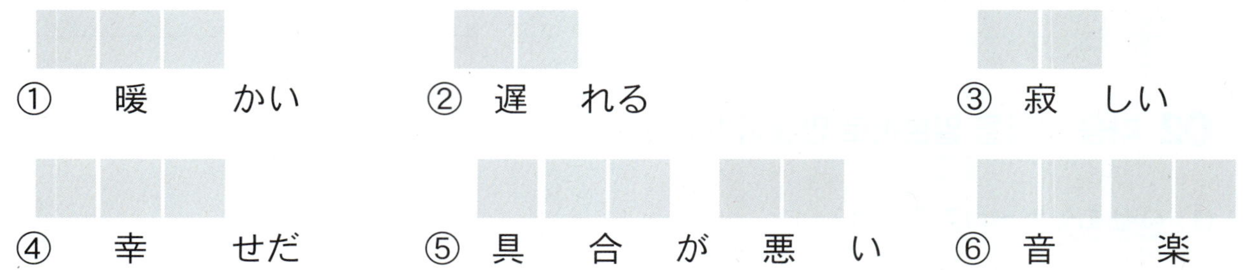


## ✎ 글자연습

**01** 다음 한자를 히라가나로 써 보세요.

① 暖　かい　　② 遅　れる　　③ 寂　しい

④ 幸　せだ　　⑤ 具　合　が　悪　い　　⑥ 音　楽

**02** 다음 히라가나를 한자로 써 보세요.

① かる　　い　　② いろ　　③ ねむ　　い

④ な　　く　　⑤ ざん ぎょう　　⑥ ち か

⑦ たお　　れる　　⑧ くろ　　い　　⑨ あたま

**03** 다음 히라가나를 카타카나로 써 보세요.

① ぱん　　② けーき　　③ てれび

## 01  다음 문장을 한국어로 해석해 보세요.

① パーティーの時間に遅れそうですから、急いで買いに行きましょう。

② 鈴木さんは幸せそうに恋人からの手紙を読んでいます。

③ 風が強くて、雨が降りそうな天気です。

## 02  다음 문장을 일본어로 만들어 보세요.

① 그녀는 시시한 것 같이 영화를 보고 있습니다.

② 다나카 씨는 성실하고 머리가 좋을 것 같습니다.

③ 저 사람은 금방이라도 쓰러질 것 같습니다.


🎧 듣기연습  ⊙Track 06

## 01  다음 단어를 듣고 받아 써 보세요.

①　　　　　　②　　　　　　③

④　　　　　　⑤　　　　　　⑥

## 02  다음을 문장을 듣고 받아 써 보세요.

①

②

③

# 27 日本に帰ってゆっくり 休もうと思っています。

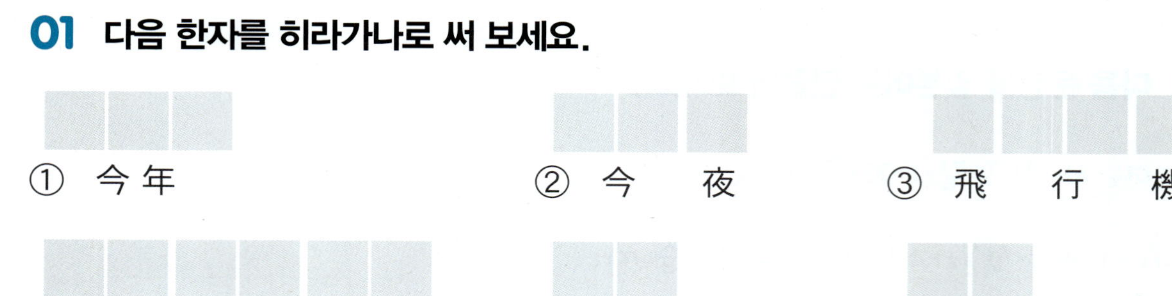

## ✎ 글자연습

**01** 다음 한자를 히라가나로 써 보세요.

① 今年　　② 今　夜　　③ 飛　行　機

④ 大　学　院　　⑤ 登　る　　⑥ 船

**02** 다음 히라가나를 한자로 써 보세요.

① もど　る　　② よ　てい　　③ お　わる

④ おぼ　える　　⑤ う　まれる　　⑥ す　む

⑦ お　りる　　⑧ しゅっ ぱつ　する　　⑨ よ　やく　する

**03** 다음 히라가나를 카타카나로 써 보세요.

① めーる　　② そうる　　③ すけじゅーる

## 01 다음 문장을 한국어로 해석해 보세요.

① 来週の土曜日、会社の近くに引っ越す予定です。

________________________________

② 今年のお正月は何をするつもりですか。 ________________

③ 今週末は船に乗ってつりに行こうと思います。

________________________________

## 02 다음 문장을 일본어로 만들어 보세요.

① 메일은 쉬는 시간에 보내려고 생각합니다. ________________

② 회사를 그만두고, 아버지의 일을 도울 생각입니다. __________

③ 배는 7시에 바다에 도착할 예정입니다. __________________

🎧 **듣기연습** 💿 Track 07

## 01 다음 단어를 듣고 받아 써 보세요.

① ___________  ② ___________  ③ ___________

④ ___________  ⑤ ___________  ⑥ ___________

## 02 다음을 문장을 듣고 받아 써 보세요.

① ________________________________

② ________________________________

③ ________________________________

# 28　今度、試験を受けることになりました。

글자연습

**01** 다음 한자를 히라가나로 써 보세요.

① 全　員　　　② 能　　力　　　③ 日　記

④ 受 ける　　　⑤ 地 図　　　⑥ 寝　坊　する

**02** 다음 히라가나를 한자로 써 보세요.

① なや
　　む

② ま　　あ
　　に　　う

③ つと
　　める

④ こま
　　る

⑤ た
　　める

⑥ まよ
　　う

⑦ なお
　　る

⑧ まど

⑨ ふく しゅう
　　　　する

**03** 다음 히라가나를 카타카나로 써 보세요.

① じょぎんぐ　　　　　　② じむ　　　　③ けが

## 01 다음 문장을 한국어로 해석해 보세요.

① 将来困らないように、お金を貯めます。

② 最近太りましたから、やせるためにジムに通うことにしました。

③ 大事な会議がありますから、明日は朝6時に出勤することになりました。

## 02 다음 문장을 일본어로 만들어 보세요.

① 감기 걸리지 않도록, 조심하고 있습니다.

② 매일 밤 일기를 쓰기로 했습니다.

③ 전근 가기 때문에, 동경에 이사하게 되었습니다.

## 🎧 듣기 연습 🔊 Track 08

## 01 다음 단어를 듣고 받아 써 보세요.

① ______  ② ______  ③ ______

④ ______  ⑤ ______  ⑥ ______

## 02 다음을 문장을 듣고 받아 써 보세요.

①

②

③

# 29 来週までに上手にできる ようになりたいです。



**01** 다음 한자를 히라가나로 써 보세요.

① 選 ぶ     ② 複 雑 だ     ③ 泳 ぐ

④ 弾 く     ⑤ 送 る     ⑥ 集 まる

**02** 다음 히라가나를 한자로 써 보세요.

① はら　　う     ② こた　　える     ③ かえ　　す

④ う　　つ     ⑤ はじ　　まる     ⑥ き　と　き　る

**03** 다음 히라가나를 카타카나로 써 보세요.

① こぴー     ② てんぽ     ③ くりすます

④ あいどる     ⑤ ぎたー     ⑥ かーど

## 01 다음 문장을 한국어로 해석해 보세요.

① 野菜を食べるようになりました。

② ケータイで日本語が打てますか。

③ 来週の学園祭までに、今流行っているアイドルの歌が歌えるようになりたいです。


## 02 다음 문장을 일본어로 만들어 보세요.

① 올 크리스마스까지 애인을 갖고 싶습니다.

② 전에는 일본어를 알아들을 수 없었습니다만, 지금은 알아들을 수 있게 되었습니다.

③ 친구가 올 때까지 역에서 기다렸습니다.


## 듣기연습 Track 09

## 01 다음 단어를 듣고 받아 써 보세요.

① ② ③

④ ⑤ ⑥

## 02 다음을 문장을 듣고 받아 써 보세요.

①

②

③

# 30 お酒を飲むと、顔が赤くなります。

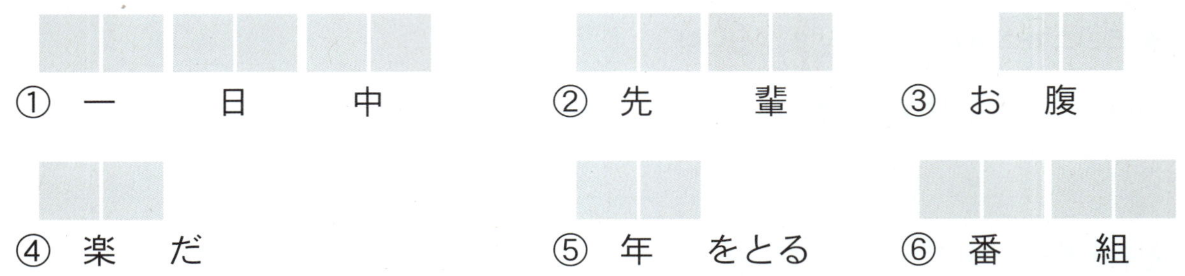



**01** 다음 한자를 히라가나로 써 보세요.

① 一 日 中　　② 先 輩　　③ お 腹

④ 楽 だ　　⑤ 年 をとる　　⑥ 番 組

**02** 다음 히라가나를 한자로 써 보세요.

① つ　あ
　　き　う

② ちか
　　い

③ こわ
　　す

④ か
　　わる

⑤ は
　　ずかしい

⑥ な
　　れる

⑦ さ
　　く

⑧ お
　　す

⑨ じょう　ず
　　　　だ

**03** 다음 히라가나를 카타카나로 써 보세요.

① えれべーたー　　② ぼたん　　③ すとれす

## 📄 문장 연습

**01  다음 문장을 한국어로 해석해 보세요.**

① お酒を飲んでも特に何も変わりません。　______________________

② つまらない本を読むと、眠くなります。　______________________

③ 仕事に慣れて、楽になりました。　______________________

**02  다음 문장을 일본어로 만들어 보세요.**

① 저는 술을 마시면, 수다스러워져 버리기 때문에 창피합니다.

______________________

② 애인에게 거짓말을 해서, 싸움이 났습니다.　______________________

③ 나이가 들어도(나이를 먹어도), 일하고 싶습니다.　______________________

## 🎧 듣기 연습  ⊙ Track 10

**01  다음 단어를 듣고 받아 써 보세요.**

①　　　　　　　②　　　　　　　③

④　　　　　　　⑤　　　　　　　⑥

**02  다음을 문장을 듣고 받아 써 보세요.**

①　______________________

②　______________________

③　______________________

# 31 あそこで撮影が あるようです。



## 01 다음 한자를 히라가나로 써 보세요.

① 撮　　影　　　② 芸　能　　人　　③ 飼 う

④ 留　守　　　　⑤ 人　　形　　　⑥ 蒸 し 暑 い

## 02 다음 히라가나를 한자로 써 보세요.

① へ　や　　　　② から　もの　　　③ せ　　たか
　　　　　　　　　　　　　　　い　　　　　　　　が　　い

④ き　　　　　　⑤ はは　　　　　　⑥ かた　づ
　　え る　　　　　　　　　　　　　　　　　　　　　　け る

## 03 다음 히라가나를 카타카나로 써 보세요.

① もでる　　　　　② ふぁん　　　　　　③ さうな

④ だいえっと　　　⑤ ちょこれーと　　　⑥ ぺっと

**01 다음 문장을 한국어로 해석해 보세요.**

① 私は彼のようなすてきな恋人がほしいです。

② 部屋の電気が消えていますから、留守のようです。

③ 彼はかっこよくて、まるで芸能人のようです。

**02 다음 문장을 일본어로 만들어 보세요.**

① 저 두 사람은 항상 함께 있기 때문에, 사귀고 있는 것 같습니다.

② 다나카 씨의 개처럼 작고 귀여운 개를 기르고 싶습니다.

③ 그녀는 키가 크고 스타일이 좋기 때문에, 마치 모델 같습니다.

🎧 듣기연습 ⊙Track 11

**01 다음 단어를 듣고 받아 써 보세요.**

①　　　　　　　②　　　　　　　③

④　　　　　　　⑤　　　　　　　⑥

**02 다음을 문장을 듣고 받아 써 보세요.**

①

②

③

# 32 みんな優しくしてくれました。

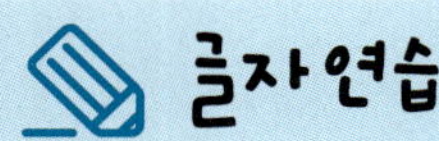
글자연습

**01** 다음 한자를 히라가나로 써 보세요.

① 久　しぶりです　　② 健　康　　③ 論　文

④ 荷　物　　⑤ 後　輩　　⑥ 資　料

**02** 다음 히라가나를 한자로 써 보세요.

① おも　で　　　② しょうかい　　　③ つ　い
　　　い　　　　　　　　する　　　　　　　れて　く

④ て つだ　　　⑤ せつ めい　　　⑥ しら
　　　う　　　　　　　　する　　　　　　　べる

⑦ はこ　　　　⑧ か　　　　⑨ なお
　　ぶ　　　　　　す　　　　　　す

**03** 다음 히라가나를 카타카나로 써 보세요.

① ほーむすてい　　　② ほすとふぁみりー　　　③ そうる

## 📄 문장 연습

**01** 다음 문장을 한국어로 해석해 보세요.

① 論文を書くために資料を集めています。 ________________

② 父に旅行に連れて行ってもらいました。 ________________

③ 私は後輩に日本の大学を調べてあげました。

________________


**02** 다음 문장을 일본어로 만들어 보세요.

① 건강을 위해서 몸에 좋은 것을 먹습니다. ________________

② 나는 애인에게 점심밥을 사 주었습니다. ________________

③ 오빠는 무거운 짐을 운반해 주었습니다. ________________


## 🎧 듣기 연습 🔘 Track 12

**01** 다음 단어를 듣고 받아 써 보세요.

① ________  ② ________  ③ ________

④ ________  ⑤ ________  ⑥ ________


**02** 다음을 문장을 듣고 받아 써 보세요.

① ________________

② ________________

③ ________________

# 門限がなくて、10時までに帰らなくてもいいです。

**01** 다음 한자를 히라가나로 써 보세요.

① 全 然　　② 洗 濯　　③ 門 限

④ 一 人 暮 らし　　⑤ お 腹 が 空 く　　⑥ 自 分

⑦ 就 職 する　　⑧ 家 事　　⑨ 少 ない

**02** 다음 히라가나를 한자로 써 보세요.

① た　　りる　　② あ　　びる　　③ ぬ　　ぐ

④ なら　　ぶ　　⑤ まも　　る　　⑥ で　　かける

⑦ け　　す　　⑧ も　　つ　　⑨ しんぱい　　する

## 01 다음 문장을 한국어로 해석해 보세요.

① 門限がなくて10時までに帰らなくてもいいですから、楽になりました。

_______________________________________________

② 全然勉強をしないで、テストを受けました。

_______________________________________________

③ 就職する時は、英語ができなければなりません。

_______________________________________________

## 02 다음 문장을 일본어로 만들어 보세요.

① 단 것을 지나치게 먹지 않도록, 조심하지 않으면 안 됩니다.

_______________________________________________

② 손을 씻지 않고 먹어서는 안 됩니다. _______________________

③ 사람이 적으면, 줄서지 않아도 됩니다. ___________________

## 🎧 듣기연습 🔘 Track 13

## 01 다음 단어를 듣고 받아 써 보세요.

① ____________  ② ____________  ③ ____________

④ ____________  ⑤ ____________  ⑥ ____________

## 02 다음을 문장을 듣고 받아 써 보세요.

① _______________________________________________

② _______________________________________________

③ _______________________________________________

# 34 これは韓国でたくさんの人に読まれている小説です。



**01** 다음 한자를 히라가나로 써 보세요.

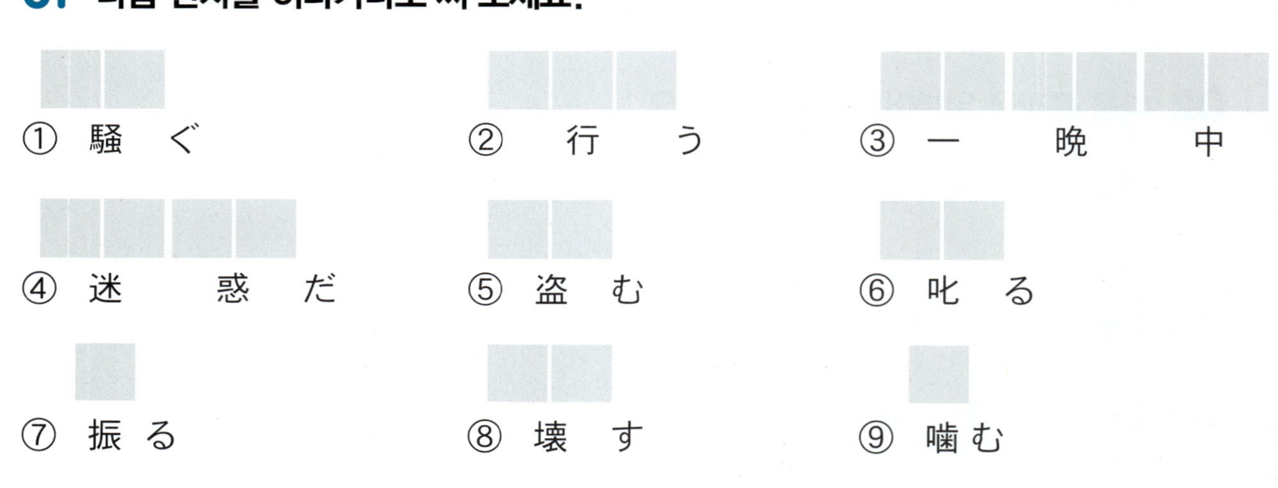

① 騒 ぐ

② 行 う

③ 一 晩 中

④ 迷 惑 だ

⑤ 盗 む

⑥ 叱 る

⑦ 振 る

⑧ 壊 す

⑨ 噛 む

**02** 다음 히라가나를 한자로 써 보세요.

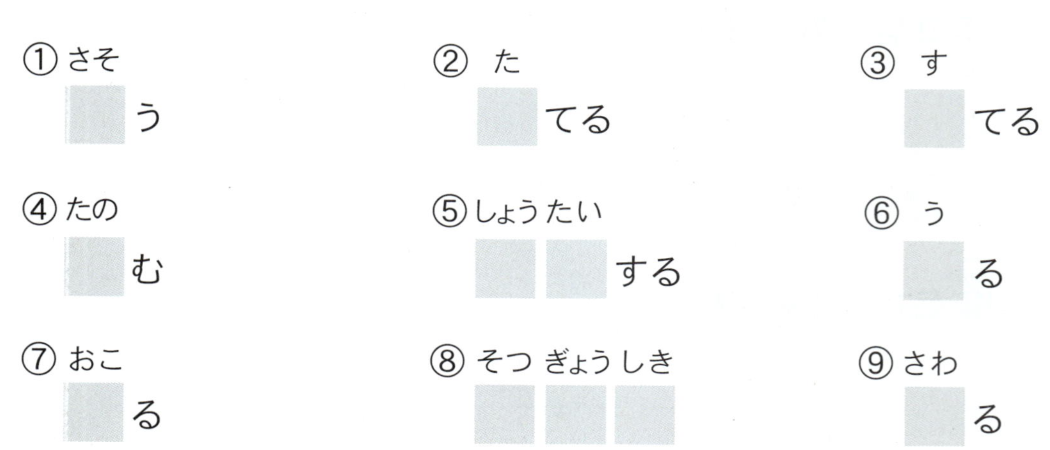

① さそ　う

② た　てる

③ す　てる

④ たの　む

⑤ しょうたい　する

⑥ う　る

⑦ おこ　る

⑧ そつ ぎょう しき

⑨ さわ　る

## 01 다음 문장을 한국어로 해석해 보세요.

① この前受けた韓国語の試験で100点を取って、先生にほめられました。

② 一晩中隣の家の人に騒がれて、とても迷惑でした。

③ 渋谷というところを知っていますか。

## 02 다음 문장을 일본어로 만들어 보세요.

① 나는 엄마에게 중요한 서류를 버림당했습니다.

② 비를 맞아서, 감기 걸리고 말았습니다.

③ 그 스니커즈는 얼마에 팔리고 있습니까?

🎧 **듣기연습** 💿 Track 14

## 01 다음 단어를 듣고 받아 써 보세요.

①      ②      ③

④      ⑤      ⑥

## 02 다음을 문장을 듣고 받아 써 보세요.

①

②

③

# 35 私は子どもを自由に遊ばせます。



## 01 다음 한자를 히라가나로 써 보세요.

① 親

② 大 人

③ 大 事 だ

④ 野 菜

⑤ 娘

⑥ 辞 める

⑦ 美 人

⑧ 使 い 方

⑨ 値 段

## 02 다음 히라가나를 한자로 써 보세요.

① ひつよう 　だ

② わら 　う

③ すわ 　る

④ えら 　ぶ

⑤ わか 　れる

⑥ なか　す お　が　く

⑦ ぶ　か

⑧ あんしん 　する

⑨ むか 　える

**01 다음 문장을 한국어로 해석해 보세요.**

① 私は子どもができたら、もっと自由に遊ばせたいです。

___

② 最近、子どもを塾に通わせる親が多いそうです。

___

③ このカメラは軽いし、使い方も簡単だし、値段も安いです。

___

**02 다음 문장을 일본어로 만들어 보세요.**

① 과장님이 출장에서 돌아오기 때문에, 부하에게 마중하러 오게 합니다.

___

② 재미있는 이야기를 해서, 여동생을 웃게 했습니다.

③ 오늘은 비인데다가, 열도 있는데다가, 기침도 나오기 때문에, 외출하고 싶지 않습니다.

___

🎧 **듣기연습** 🎵 Track 15

**01 다음 단어를 듣고 받아 써 보세요.**

① ___   ② ___   ③ ___

④ ___   ⑤ ___   ⑥ ___

**02 다음을 문장을 듣고 받아 써 보세요.**

① ___

② ___

③ ___

# 日本の番組が好きなので、少し聞き取れるんです。

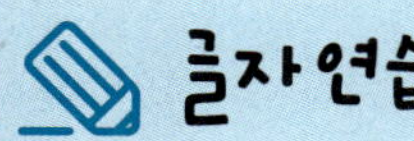
글자연습

**01** 다음 한자를 히라가나로 써 보세요.

① 出 張　　② 禁 煙　　③ 返 事

④ 小 学 校　　⑤ 字 幕　　⑥ 人 気

**02** 다음 히라가나를 한자로 써 보세요.

① そだ　　つ

② ちが　　う

③ むかし

④ にが て　　だ

⑤ みち こ　　が　む

⑥ やす　　と　　みを　る

⑦ じ み　　だ

⑧ て がみ　だ　　を　す

⑨ ふ だん

**03** 다음 히라가나를 카타카나로 써 보세요.

① いんとねーしょん　　② ばらえてぃー　　③ こーひー

## 📄 문장 연습

**01**  다음 문장을 한국어로 해석해 보세요.

① 小さい時に、東京に引っ越したので、普段は大阪弁をあまり使わないんです。

______________________________________________________________

② 手紙を出したのに、返事が来ません。 _________________________________

③ いつかは字幕を見ないで、全部聞き取れるようになりたいんです。

______________________________________________________________

**02**  다음 문장을 일본어로 만들어 보세요.

① 옛날에는 수수했었는데, 세련되어졌습니다. ___________________________

② 여기는 금연이기 때문에, 담배는 밖에서 피우세요. ___________________

③ 약을 먹었는데도, 감기가 낫지 않습니다. _____________________________

## 🎧 듣기 연습  🔊 Track 16

**01**  다음 단어를 듣고 받아 써 보세요.

① _____________  ② _____________  ③ _____________

④ _____________  ⑤ _____________  ⑥ _____________

**02**  다음을 문장을 듣고 받아 써 보세요.

① ______________________________________________________________

② ______________________________________________________________

③ ______________________________________________________________

# 37 昨日課長に 残業させられました。



## ✎ 글자연습

**01** 다음 한자를 히라가나로 써 보세요.

① 夜　中　　　② 報　告　書　　　③ 疲　れる

④ 発　表　する　　⑤ 慣　れる　　　⑥ 働　く

**02** 다음 히라가나를 한자로 써 보세요.

① にゅう しゃ　　　　② だ　　　　③ しゅく だい
　　　　　する　　　　　　　す

④ しゃ かい せい かつ　　⑤ き　　　　⑥ じゅん び
　　　　　　　　　　　　　　　める

⑦ えら　　　　　　　⑧ せき　　　　⑨ りょ こう さき
　　　ぶ

**03** 다음 히라가나를 카타카나로 써 보세요.

① ばいおりん　　　　② ぴーまん　　　③ さーくる

## 01  다음 문장을 한국어로 해석해 보세요.

① この課の単語はまだ覚えていません。

② 部長に資料を調べさせられて大変でした。

③ 受けたくなかったのに、先生に難しい漢字の試験を受けさせられました。


## 02  다음 문장을 일본어로 만들어 보세요.

① 입사한 지 얼마 안 됐을 때, 과장님에 의해서 무리하게 술을 어쩔 수 없이 마셨습니다.

② 고등학교 때 선생님이 시켜서 어쩔 수 없이 매일 한자 시험을 쳤습니다.

③ 선생님에게 빌린 책은 아직 돌려주지 않았습니다.


## 🎧 듣기연습  🔘 Track 17

## 01  다음 단어를 듣고 받아 써 보세요.

①　　　　　　　②　　　　　　　③

④　　　　　　　⑤　　　　　　　⑥

## 02  다음을 문장을 듣고 받아 써 보세요.

①

②

③

# 薬を飲んでみたら どうですか。

**글자연습**

**01** 다음 한자를 히라가나로 써 보세요.

① 将 来　　② 毎 月　　③ 履 く

④ 吐 き 気　　⑤ 頼 む　　⑥ 食 欲

**02** 다음 히라가나를 한자로 써 보세요.

① あぶ ない　　② の おく り れる　　③ ある く

④ れん しゅう　　⑤ さが す　　⑥ つめ たい

⑦ そう だん する　　⑧ い み　　⑨ と まる

**03** 다음 히라가나를 카타카나로 써 보세요.

① ばいと　　② すかーと　　③ たくしー

**01**  다음 문장을 한국어로 해석해 보세요.

① 電車に乗り遅れそうですから、少し急いだ方がいいです。

② 日本の会社に就職したいので、今度あの会社の面接を受けてみます。

③ 明日の発表が心配なら、もう一度資料をチェックしたらどうですか。

**02**  다음 문장을 일본어로 만들어 보세요.

① 몸이 나른 할때는, 무리를 하지 말고 푹 쉬는 편이 좋습니다.

② 장래를 위해서, 매월 조금씩 돈을 모으는 것이 어떻습니까?

③ 속이 안 좋다면(배의 상태가 나쁘다면), 찬 것을 지나치게 먹지 않는 편이 좋습니다.

👤 듣기연습 🎧 Track 18

**01**  다음 단어를 듣고 받아 써 보세요.

①　　　　　　　　　②　　　　　　　　　③

④　　　　　　　　　⑤　　　　　　　　　⑥

**02**  다음을 문장을 듣고 받아 써 보세요.

①

②

③

# 39 彼女ができたらしいですよ。

글자연습

**01** 다음 한자를 히라가나로 써 보세요.

① 夢 中 だ　　② 同 僚　　③ 相 手

④ 発 音　　⑤ 理 想　　⑥ 性 格

**02** 다음 히라가나를 한자로 써 보세요.

① し あ　　　　② がい しょく　　③ に
　　り　う　　　　　　　　　　　　　る

④ みち す　　　⑤ わす もの　　　⑥ ゆう がた
　　が　く　　　　　れ

⑦ き　　　　　⑧ は　　　　　⑨ う
　こえる　　　　　れる　　　　　かる

**03** 다음 히라가나를 카타카나로 써 보세요.

① もでる　　　② あなうんさー　　③ きゃろる

## 01  다음 문장을 한국어로 해석해 보세요.

① 午後には雨がやむでしょう。 ________________________

② あの人は高そうな服を着ているので、お金持ちかもしれません。

______________________________________________

③ 難しい試験だったのに、彼女はたくさん勉強をして受かったらしいです。

______________________________________________

## 02  다음 문장을 일본어로 만들어 보세요.

① 다나가 씨는 대학 때는 성실하지 않았을지도 모릅니다.

______________________________________________

② 저 두 사람은 성격이 맞지 않아서 헤어진 것 같습니다.

______________________________________________

③ 그는 먹을 것에 좋고 싫음이 많아서, 어른답지 않습니다.

______________________________________________



## 01  다음 단어를 듣고 받아 써 보세요.

①               ②               ③

④               ⑤               ⑥

## 02  다음을 문장을 듣고 받아 써 보세요.

①  ______________________________________________

②  ______________________________________________

③  ______________________________________________

# 40 パーティーの料理は作ってありますか。



**01** 다음 한자를 히라가나로 써 보세요.

① 冷 やす　② 入 れる　③ 出 す

④ 注　文 する　⑤ 考　える　⑥ 確　認 する

⑦ 壁　⑧ 他　⑨ 面　接

**02** 다음 히라가나를 한자로 써 보세요.

① あ　　く　② かざ　　る　③ お　　ちる

④ お　　こす　⑤ たお　　す　⑥ よご　　れる

⑦ わ　　る　⑧ こわ　　れる　⑨ なら　　べる

⑩ し　　める　⑪ のこ　　る　⑫ は　　る

## 01 다음 문장을 한국어로 해석해 보세요.

① まだ仕事が残っているので、机の上に資料が置いてあります。

② 電気が消えていますから、誰もいないと思います。

③ 山登りに行く前に、地図を見ておいた方がいいです。

## 02 다음 문장을 일본어로 만들어 보세요.

① 디지털카메라의 건전지는 조금 전에 확인해 보았습니다만, 들어 있었습니다.

② 다음 회의까지, 이 문제에 대해서 생각해 놓으세요.

③ 약속을 잊지 않도록, 벽에 메모가 붙어 있습니다.

## 듣기 연습 🎧 Track 20

## 01 다음 단어를 듣고 받아 써 보세요.

① ②          ③

④ ⑤          ⑥

## 02 다음을 문장을 듣고 받아 써 보세요.

①

②

③

# 워크북

글자 연습, 문장 연습, 듣기 연습을 통해
매일매일 일본어를 정복하자!!

이름

PAGODA Books

# 人が多かったけど、とても楽しかった。

사람이 많았지만, 매우 즐거웠다.

**❶** 昨日は雨でしたけど、出かけました。

어제는 비였습니다만, 외출했습니다.

**❷** 富士山は高くて大変でしたけど、
景色はとてもよかったです。

후지 산은 높고 힘들었지만,

경치는 아주 좋았습니다.

| | |
|---|---|
| 昨日（きのう） | 어제 |
| テーマパーク | 테마파크 |
| 行（い）って来（く）る | 다녀오다 |
| 楽（たの）しい | 즐겁다 |
| 人（ひと） | 사람 |
| 多（おお）い | 많다 |
| うらやましい | 부럽다 |
| そこ | 거기 |
| 乗（の）り物（もの） | 놀이기구 |

|  |  |
|---|---|
| ショー | 쇼 |
| 実<sup>じつ</sup>は | 실은 |
| バイト | 아르바이트 |
| 仲間<sup>なかま</sup> | 동료 |
| 合<sup>ごう</sup>コン | 미팅 |
| 本当<sup>ほんとう</sup> | 정말 |
| 男<sup>おとこ</sup>の人<sup>ひと</sup> | 남자 |
| みんな | 모두 |
| 優<sup>やさ</sup>しい | 상냥하다 |
| タイプ | 타입 |

|  |  |
| --- | --- |
| 残念（ざんねん）だ | 유감이다 |
| 今度（こんど） | 다음에 |
| 紹介（しょうかい）する | 소개하다 |
| 真面目（まじめ）だ | 성실하다 |
| お金持（かねも）ち | 부자 |
| 大変（たいへん）だ | 힘들다 |
| 景色（けしき） | 경치 |
| 寝坊（ねぼう）する | 늦잠 자다 |
| 辛（から）い | 맵다 |
| 厳（きび）しい | 엄하다 |

| | |
|---|---|
| とき<br>時 | 때 |
| かわいい | 귀엽다 |
| きょねん<br>去年 | 작년 |
| なつ<br>夏 | 여름 |
| あつ<br>暑い | 덥다 |
| てんき<br>天気 | 날씨 |
| せんしゅう<br>先週 | 지난주 |
| ひま<br>暇だ | 한가하다 |
| おととい | 그저께 |
| かんたん<br>簡単だ | 간단하다 |

| | |
|---|---|
| <ruby>昔<rt>むかし</rt></ruby> | 옛날 |
| <ruby>運動<rt>うんどう</rt></ruby> | 운동 |
| <ruby>嫌<rt>きら</rt></ruby>いだ | 싫어하다 |
| <ruby>雨<rt>あめ</rt></ruby> | 비 |
| <ruby>休<rt>やす</rt></ruby>み | 휴일 |
| <ruby>店<rt>みせ</rt></ruby> | 가게 |
| <ruby>少<rt>すこ</rt></ruby>し | 조금 |
| <ruby>最近<rt>さいきん</rt></ruby> | 최근 |
| <ruby>仕事<rt>しごと</rt></ruby> | 일 |
| <ruby>性格<rt>せいかく</rt></ruby> | 성격 |

|  |  |
|---|---|
| <ruby>悪<rt>わる</rt></ruby>い | 나쁘다 |
| <ruby>静<rt>しず</rt></ruby>かだ | 조용하다 |
| <ruby>狭<rt>せま</rt></ruby>い | 좁다 |
| <ruby>勉強<rt>べんきょう</rt></ruby>する | 공부하다 |
| <ruby>難<rt>むずか</rt></ruby>しい | 어렵다 |
| <ruby>旅行<rt>りょこう</rt></ruby> | 여행 |
| <ruby>疲<rt>つか</rt></ruby>れる | 피곤하다 |

# 中村さんが結婚するそうです。

**나까무라 씨가 결혼한다고 합니다.**

友だちの話によると、
彼の趣味は旅行だそうです。

친구의 말에 의하면,
그의 취미는 여행이라고 합니다.

| | |
|---|---|
| き<br>聞く | 듣다 |
| ほんとう<br>本当 | 정말 |
| ぜんぜん<br>全然 | 전혀 |
| し<br>知る | 알다 |
| あい て<br>相手 | 상대 |
| どんな | 어떤 |
| きれいだ | 예쁘다 |
| それに | 게다가 |
| こくさいけっこん<br>国際結婚 | 국제결혼 |

| すごい | 굉장하다 |
| うわさ | 소문 |
| ～によると | ～에 의하면 |
| <ruby>同<rt>おな</rt></ruby>じ | 같은 |
| <ruby>大学<rt>だいがく</rt></ruby> | 대학 |
| ～に<ruby>住<rt>す</rt></ruby>む | ～에 살다 |
| それで | 그래서 |
| <ruby>入<rt>はい</rt></ruby>る | 들어가다 |
| うらやましい | 부럽다 |
| <ruby>話<rt>はなし</rt></ruby> | 이야기 |

| | |
|---|---|
| <ruby>趣味<rt>しゅみ</rt></ruby> | 취미 |
| <ruby>最近<rt>さいきん</rt></ruby> | 최근 |
| <ruby>幸<rt>しあわ</rt></ruby>せだ | 행복하다 |
| <ruby>新聞<rt>しんぶん</rt></ruby> | 신문 |
| <ruby>地震<rt>じしん</rt></ruby> | 지진 |
| ニュース | 뉴스 |
| <ruby>台風<rt>たいふう</rt></ruby> | 태풍 |
| <ruby>映画<rt>えいが</rt></ruby> | 영화 |
| <ruby>彼氏<rt>かれし</rt></ruby> | 남자 친구 |
| <ruby>恋人<rt>こいびと</rt></ruby> | 애인 |

| <ruby>二<rt>ふた</rt></ruby><ruby>人<rt>り</rt></ruby> | 두 사람 |
| <ruby>体<rt>からだ</rt></ruby> | 몸 |
| <ruby>歌<rt>か</rt></ruby><ruby>手<rt>しゅ</rt></ruby> | 가수 |
| <ruby>天<rt>てん</rt></ruby><ruby>気<rt>き</rt></ruby><ruby>予<rt>よ</rt></ruby><ruby>報<rt>ほう</rt></ruby> | 일기예보 |
| <ruby>先<rt>せん</rt></ruby><ruby>輩<rt>ぱい</rt></ruby> | 선배 |
| <ruby>楽<rt>らく</rt></ruby>だ | 편하다 |
| <ruby>飲<rt>の</rt></ruby>み<ruby>会<rt>かい</rt></ruby> | 회식 |
| <ruby>社<rt>しゃ</rt></ruby><ruby>長<rt>ちょう</rt></ruby> | 사장 |

# 貿易会社だったら、アドバイスができると思います。

무역회사라면, 어드바이스를 할 수 있을 거라고 생각합니다.

**❶** 日本は交通が便利だと思います。

일본은 교통이 편리하다고 생각합니다.

**❷** いい天気だったら、

ドライブに行きませんか。

좋은 날씨라면, 드라이브하러 가지 않겠습니까?

**❸** 駅に着いたら、電話してください。

역에 도착하면, 전화해 주세요.

| | |
| --- | --- |
| 卒業（そつぎょう）する | 졸업하다 |
| まだ | 아직 |
| わかる | 알다 |
| 働（はたら）く | 일하다 |
| できたら | 가능하면 |
| 貿易会社（ぼうえきがいしゃ） | 무역회사 |
| 大丈夫（だいじょうぶ）だ | 괜찮다 |
| いろいろ | 여러 가지 |
| 知（し）る | 알다 |

| | |
|---|---|
| アドバイス | 어드바이스 |
| できる | 할 수 있다/생기다 |
| <ruby>準備<rt>じゅんび</rt></ruby> | 준비 |
| まず | 우선/먼저 |
| <ruby>一生懸命<rt>いっしょうけんめい</rt></ruby> | 열심히 |
| <ruby>頑張る<rt>がんばる</rt></ruby> | 열심히 하다/힘내다 |
| <ruby>風邪<rt>かぜ</rt></ruby> | 감기 |
| <ruby>人気<rt>にんき</rt></ruby> | 인기 |
| <ruby>交通<rt>こうつう</rt></ruby> | 교통 |
| <ruby>夏休み<rt>なつやす</rt></ruby> | 여름방학/여름휴가 |

| | |
| --- | --- |
| <ruby>短<rt>みじか</rt></ruby>い | 짧다 |
| ドライブ | 드라이브 |
| <ruby>無理<rt>むり</rt></ruby> | 무리 |
| <ruby>頭<rt>あたま</rt></ruby> | 머리 |
| <ruby>痛<rt>いた</rt></ruby>い | 아프다 |
| <ruby>薬<rt>くすり</rt></ruby>を<ruby>飲<rt>の</rt></ruby>む | 약을 먹다 |
| <ruby>試合<rt>しあい</rt></ruby> | 시합 |
| <ruby>中止<rt>ちゅうし</rt></ruby> | 중지 |
| <ruby>出発<rt>しゅっぱつ</rt></ruby>する | 출발하다 |
| <ruby>駅<rt>えき</rt></ruby> | 역 |

| | |
|---|---|
| 着（つ）く | 도착하다 |
| 食事（しょくじ） | 식사 |
| 休（やす）み | 휴일 |
| 旅行（りょこう）に行（い）く | 여행을 가다 |
| 兄弟（きょうだい） | 형제 |
| さしみ | 회 |
| 週末（しゅうまつ） | 주말 |
| 案内（あんない）する | 안내하다 |
| 授業（じゅぎょう） | 수업 |
| ごろごろする | 빈둥빈둥거리다 |

| 不便だ | 불편하다 |
| 引っ越し | 이사 |
| あきらめる | 단념하다 |
| 宝くじ | 복권 |
| ～に当たる | ～에 당첨되다 |
| プロ野球 | 프로야구 |
| ファン | 팬 |
| 若い | 젊다 |
| 女の人 | 여자 |
| 驚く | 놀라다 |

| | |
|---|---|
| <ruby>嬉<rt>うれ</rt></ruby>しい | 기쁘다 |
| <ruby>高校生<rt>こうこうせい</rt></ruby> | 고등학생 |
| <ruby>野球部<rt>やきゅうぶ</rt></ruby> | 야구부 |
| <ruby>全国大会<rt>ぜんこくたいかい</rt></ruby> | 전국대회 |
| <ruby>練習<rt>れんしゅう</rt></ruby>する | 연습하다 |
| <ruby>三年生<rt>さんねんせい</rt></ruby> | 3학년 |
| ～に<ruby>勝<rt>か</rt></ruby>つ | ～에 이기다 |
| そして | 그리고 |
| <ruby>最後<rt>さいご</rt></ruby> | 마지막 |
| <ruby>本気<rt>ほんき</rt></ruby>で | 진짜로 |

| | |
|---|---|
| 負<ruby>ま</ruby>ける | 지다 |
| 悔<ruby>くや</ruby>しい | 분하다 |
| もし | 만약 |
| 頃<ruby>ころ</ruby> | 경 |
| もう一度<ruby>いちど</ruby> | 한 번 더 |
| 戻<ruby>もど</ruby>る | 되돌아오다 |
| 仲間<ruby>なかま</ruby> | 동료 |
| 必<ruby>かなら</ruby>ず | 반드시 |
| 心<ruby>こころ</ruby> | 마음 |

# 3時間しか寝る時間が ありませんでした。

**3시간밖에 잘 시간이 없었습니다.**

---

**❶** 田中さんがよく聞く音楽は どんな音楽ですか。

다나까 씨가 자주 듣는 음악은 어떤 음악입니까?

**❷** 約束した友だちが来ない時は どうしますか。

약속한 친구가 오지 않을 때는 어떻게 합니까?

**❸** 今日は朝ごはんしか食べませんでした。

오늘은 아침밥밖에 먹지 않았습니다.

---

| | |
|---|---|
| 元気（げんき） | 기운 |
| 〜しか | 〜밖에 |
| どうして | 왜/어째서 |
| スピーチ大会（たいかい） | 스피치 대회 |
| あと | 앞으로 |
| 2日（ふつか） | 2일 |
| いろいろな国（くに） | 여러 나라 |
| 留学生（りゅうがくせい） | 유학생 |
| 集（あつ）まる | 모이다 |

| 参加する | 참가하다 |
| それで | 그래서 |
| 遅く | 늦게 |
| 内容 | 내용 |
| 文化 | 문화 |
| 違い | 다른점/차이 |
| 紹介する | 소개하다 |
| 頑張る | 열심히 하다 |
| 日 | 날 |
| 楽だ | 편하다 |

|  |  |
|---|---|
| <ruby>服<rt>ふく</rt></ruby> | 옷 |
| <ruby>聞<rt>き</rt></ruby>く | 듣다 |
| あそこ | 저기 |
| <ruby>弾<rt>ひ</rt></ruby>く | 치다/연주하다 |
| <ruby>約束<rt>やくそく</rt></ruby>する | 약속하다 |
| <ruby>高校<rt>こうこう</rt></ruby> | 고등학교 |
| <ruby>時<rt>とき</rt></ruby> | 때 |
| <ruby>撮<rt>と</rt></ruby>る | 찍다 |
| <ruby>写真<rt>しゃしん</rt></ruby> | 사진 |
| <ruby>出<rt>だ</rt></ruby>す | 내다/제출하다 |

| 明日 | 내일 |
| ラーメン屋 | 라면 집 |
| 着る | 입다 |
| ワンピース | 원피스 |
| ところ | 곳/장소 |
| 東京 | 동경 |
| 流行る | 유행하다 |
| 色 | 색 |
| 白 | 하양/백색 |
| さっき | 조금 전/아까 |

| 辞書<br>じしょ | 사전 |
| 一緒に<br>いっしょに | 함께 |
| 大学<br>だいがく | 대학 |
| 先輩<br>せんぱい | 선배 |
| 借りる<br>かりる | 빌리다 |
| 傘<br>かさ | 우산 |
| 公園<br>こうえん | 공원 |
| 飲み会<br>のみかい | 회식 |
| 小説<br>しょうせつ | 소설 |
| まんが | 만화 |

いる （사람, 동물이) 있다

よにん
4人 네 사람

しゅう
週 주

かい
〜回 〜회

# ビビンパが食たければ、今度の旅行は全州にしましょう。

**비빔밥이 먹고 싶다면, 이번 여행은 전주로 합시다.**

**❶ 天気がよければ、**

**ドライブに行きたいです。**

날씨가 좋다면, 드라이브하러 가고 싶습니다.

**❷ 暇なら、手伝ってください。**

한가하다면, 도와주세요.

**❸ 飲み会はいつにしますか。**

회식은 언제로 합니까?

| | |
|---|---|
| こんど<br>今度 | 이번 |
| れんきゅう<br>連休 | 연휴 |
| どこか | 어딘가 |
| まず | 우선/먼저 |
| ゆうめい<br>有名だ | 유명하다 |
| たくさん | 많이 |
| ある | (사물, 물건이) 있다 |
| それなら | 그렇다면 |
| ～にする | ～로 하다 |

| どうやって | 어떻게 |
| くるま<br>車 | 차 |
| なら<br>習う | 배우다 |
| いそ<br>急ぐ | 서두르다 |
| やせる | 마르다/살빼다 |
| 〜がほしい | 〜을/를 갖고 싶다(원하다) |
| か ぜ<br>風邪 | 감기 |
| て つだ<br>手伝う | 돕다/거들다 |
| へいじつ<br>平日 | 평일 |
| すく<br>少ない | 적다 |

|  |  |
|---|---|
| しゃいんりょこう<br>社員旅行 | 사원여행/회사 단체여행 |
| あま もの<br>甘い物 | 단 것 |
| デザート | 디저트 |
| うみ<br>海 | 바다 |
| なお<br>治る | 낫다/치료되다 |
| み あ<br>お見合い | 맞선 |
| じ かん<br>時間 | 시간 |
| なつやす<br>夏休み | 여름휴가 |
| らいげつ<br>来月 | 다음 달 |
| し けん<br>試験 | 시험 |

|  |  |
|---|---|
| <ruby>合<rt>ごう</rt></ruby><ruby>格<rt>かく</rt></ruby>する | 합격하다 |
| <ruby>山<rt>やま</rt></ruby> | 산 |
| 〜に<ruby>登<rt>のぼ</rt></ruby>る | 〜에 오르다 |
| ホラー<ruby>映<rt>えい</rt></ruby><ruby>画<rt>が</rt></ruby> | 공포영화 |
| <ruby>買<rt>か</rt></ruby>い<ruby>物<rt>もの</rt></ruby> | 쇼핑 |
| セール | 세일 |
| <ruby>合<rt>ごう</rt></ruby>コン | 미팅 |
| <ruby>相<rt>あい</rt></ruby><ruby>手<rt>て</rt></ruby> | 상대 |
| お<ruby>金<rt>かね</rt></ruby><ruby>持<rt>も</rt></ruby>ち | 부자 |
| ダンス | 댄스 |

| スキー場 | スキ장 |
| 安全だ | 안전하다 |
| パーティー | 파티 |
| 駅前 | 역 앞 |
| 会議 | 회의 |
| 勉強会 | 스터디 |
| リーダー | 리더 |
| お土産 | 선물 |
| 紅茶 | 홍차 |

# このセーターは軽<ruby>軽<rt>かる</rt></ruby>くて
# よさそうですね。

이 스웨터는 가볍고 좋은 것 같네요.

**①** 今<ruby>今<rt>いま</rt></ruby>にも雨<ruby>雨<rt>あめ</rt></ruby>が降<ruby>降<rt>ふ</rt></ruby>りそうです。

금방이라도 비가 올 것 같습니다.

**②** おいしそうなケーキです。

맛있을 것 같은 케이크입니다.

**③** 暇<ruby>暇<rt>ひま</rt></ruby>そうにテレビを見<ruby>見<rt>み</rt></ruby>ています。

한가한 것 같이 텔레비전을 보고 있습니다.

| | |
|---|---|
| セーター | 스웨터 |
| <ruby>暖<rt>あたた</rt></ruby>かい | 따뜻하다 |
| <ruby>少<rt>すこ</rt></ruby>し | 조금 |
| <ruby>見<rt>み</rt></ruby>える | 보이다 |
| それに | 게다가 |
| <ruby>軽<rt>かる</rt></ruby>い | 가볍다 |
| プレゼント | 선물 |
| <ruby>地下<rt>ちか</rt></ruby> | 지하 |
| パン<ruby>屋<rt>や</rt></ruby> | 빵집 |

| | |
|---|---|
| それなら | 그렇다면 |
| 〜に遅れる | 〜에 늦다 |
| 今にも | 금방이라도 |
| 降る | (비가) 내리다 |
| 頭 | 머리 |
| 時間 | 시간 |
| さっき | 조금 전 |
| 風 | 바람 |
| 強い | 강하다 |
| 雪 | 눈 |

|  |  |
|---|---|
| かれ<br>彼 | 그 |
| ざんぎょう<br>残業 | 잔업/야근 |
| い す<br>椅子 | 의자 |
| ぐ あい わる<br>具合が悪い | 몸 상태가 나쁘다 |
| たお<br>倒れる | 쓰러지다 |
| くろ<br>黒い | 검다 |
| じょう ぶ<br>丈夫だ | 튼튼하다 |
| おも<br>重い | 무겁다 |
| つか<br>使う | 사용하다 |
| きび<br>厳しい | 엄하다 |

|  |  |
|---|---|
| ふう ふ<br>夫婦 | 부부 |
| しあわ<br>幸せだ | 행복하다 |
| つまらない | 시시하다/재미없다 |
| おんがく<br>音楽 | 음악 |
| うれ<br>嬉しい | 기쁘다 |
| ねむ<br>眠い | 졸리다 |
| さび<br>寂しい | 외롭다 |
| ずっと | 계속/쭉 |
| な<br>泣く | 울다 |
| て がみ<br>手紙 | 편지 |

# 日本に帰ってゆっくり 休もうと思っています。

일본에 돌아가서 푹 쉬려고 생각하고 있습니다.

**❶** 来年日本に留学しようと思います。

내년에 일본에 유학 가려고 생각합니다.

**❷** 今週末にさくらを見に行くつもりです。

이번 주말에 벚꽃을 보러 갈 생각입니다.

**❸** 赤ちゃんは9月に生まれる予定です。

아기는 9월에 태어날 예정입니다.

| 今年 | 올해 |
| --- | --- |
| お正月 | 설날 |
| 国 | 나라 |
| 予定 | 예정 |
| 戻る | 되돌아오다 |
| ゆっくり休む | 푹 쉬다 |
| やっぱり | 역시 |
| 大みそか | 한 해의 마지막 날(12월31일) |
| そば | 메밀국수 |

| おせち料理（りょうり） | 설날에 먹는 전통 음식 |
| 働（はたら）く | 일하다 |
| 引（ひ）っ越（こ）す | 이사하다 |
| 頼（たの）む | 부탁하다 |
| 忘（わす）れる | 잊어버리다 |
| 送（おく）る | 보내다 |
| 借（か）りる | 빌리다 |
| 始（はじ）める | 시작하다 |
| 今週末（こんしゅうまつ） | 이번 주말 |
| さくら | 벚꽃 |

|  |  |
|---|---|
| <ruby>試験<rt>しけん</rt></ruby>を<ruby>受<rt>う</rt></ruby>ける | 시험을 치다 |
| <ruby>来年<rt>らいねん</rt></ruby> | 내년 |
| <ruby>留学<rt>りゅうがく</rt></ruby>する | 유학하다 |
| <ruby>卒業<rt>そつぎょう</rt></ruby>する | 졸업하다 |
| <ruby>飛行機<rt>ひこうき</rt></ruby> | 비행기 |
| <ruby>着<rt>つ</rt></ruby>く | 도착하다 |
| <ruby>赤<rt>あか</rt></ruby>ちゃん | 갓난 아기 |
| <ruby>生<rt>う</rt></ruby>まれる | 태어나다 |
| <ruby>晩<rt>ばん</rt></ruby>ごはん | 저녁밥 |
| <ruby>夜<rt>よる</rt></ruby> | 밤 |

| | |
|---|---|
| メール | 메일 |
| 休み時間 | 쉬는 시간 |
| 単語 | 단어 |
| 覚える | 외우다 |
| あとで | 나중에 |
| 予約する | 예약하다 |
| 宿題 | 숙제 |
| 出す | 내다/제출하다 |
| 授業 | 수업 |
| 終わる | 끝나다 |

| | |
|---|---|
| 〜に登る | 〜에 오르다 |
| 今夜 | 오늘 밤 |
| テレビ番組 | 방송 프로그램 |
| 辞める | 그만두다 |
| 父 | 아버지 |
| 大学院 | 대학원 |
| 進む | 진학하다 |
| スケジュール | 스케줄 |
| 駅 | 역 |
| 出発する | 출발하다 |

| | |
|---|---|
| <ruby>海<rt>うみ</rt></ruby> | 바다 |
| <ruby>船<rt>ふね</rt></ruby> | 배/선박 |
| つり | 낚시 |
| <ruby>降<rt>お</rt></ruby>りる | 내리다 |
| <ruby>昼<rt>ひる</rt></ruby>ごはん | 점심밥 |
| <ruby>同<rt>おな</rt></ruby>じ | 같은 |
| <ruby>送別会<rt>そうべつかい</rt></ruby> | 송별회 |
| デジカメ | 디지털카메라 |
| <ruby>迷<rt>まよ</rt></ruby>う | 망설이다 |
| <ruby>集<rt>あつ</rt></ruby>める | 모으다 |

| 大丈夫だ<br><ruby>だいじょう<rt></rt></ruby> | 괜찮다 |
| それから | 그러고 나서 |
| メッセージビデオ | 메시지비디오 |
| 始まる | 시작되다 |
| 泣く | 울다 |
| 顔 | 얼굴 |
| 一日 | 하루 |

**28**

# 今度、試験を受ける
# ことになりました。

**이번에 시험을 치게 되었습니다.**

**①** 毎晩日記をつけることにしました。

매일 밤 일기를 쓰기로 했습니다.

**②** 来月からこの会社に
　　勤めることになりました。

다음 달부터 이 회사에 근무하게 되었습니다.

**③** よく聞こえるように、
　　大きい声で話してください。

잘 들리도록, 큰 소리로 말해 주세요.

**④** 風邪を引かないように、
　　気をつけてください。

감기 걸리지 않도록 주의하세요.

| | |
|---|---|
| <ruby>全員<rt>ぜんいん</rt></ruby> | 전원 |
| <ruby>能力<rt>のうりょく</rt></ruby> | 능력 |
| 〜に<ruby>間<rt>ま</rt></ruby>に<ruby>合<rt>あ</rt></ruby>う | 〜에 맞출 수 있다 |
| 〜<ruby>個<rt>こ</rt></ruby> | 〜개 |
| 〜ずつ | 〜씩 |
| <ruby>何<rt>なん</rt></ruby><ruby>度<rt>ど</rt></ruby>も | 몇 번이나 |
| <ruby>次<rt>つぎ</rt></ruby>の<ruby>日<rt>ひ</rt></ruby> | 다음 날 |
| <ruby>復習<rt>ふくしゅう</rt></ruby>する | 복습하다 |
| <ruby>悩<rt>なや</rt></ruby>む | 고민하다 |

| きっと | 반드시/꼭 |
| うまくいく | 잘 되다 |
| 毎晩 （まいばん） | 매일 밤 |
| 日記をつける （にっき） | 일기를 쓰다 |
| やせる | 마르다/살빼다 |
| ～に通う （かよ） | ～에 다니다 |
| 来月 （らいげつ） | 다음 달 |
| ～に勤める （つと） | ～에 근무하다 |
| 今回 （こんかい） | 이번 |
| 社員旅行 （しゃいんりょこう） | 사원여행/회사 단체 여행 |

| 聞こえる | 들리다 |
| 声 | (목)소리 |
| 窓 | 창문 |
| 開ける | 열다 |
| 風邪を引く | 감기 걸리다 |
| 気をつける | 조심하다/주의하다 |
| 休学する | 휴학하다 |
| やめる | 그만두다/끊다 |
| もうすぐ | 이제 곧 |
| 毎朝 | 매일 아침 |

| ジョギング | 조깅 |
| 太<ruby>る<rt>ふと</rt></ruby> | 살찌다 |
| 出かける | 외출하다 |
| 大事だ | 중요하다 |
| 出勤する | 출근하다 |
| 引っ越す | 이사하다 |
| 転勤する | 전근 가다 |
| 入院する | 입원하다 |
| ケガをする | 다치다/부상당하다 |
| 出張 | 출장 |

|  |  |
|---|---|
| このごろ | 요즘 |
| <ruby>台風<rt>たいふう</rt></ruby> | 태풍 |
| <ruby>治<rt>なお</rt></ruby>る | (병이) 낫다 |
| <ruby>寝坊<rt>ねぼう</rt></ruby>する | 늦잠 자다 |
| <ruby>将来<rt>しょうらい</rt></ruby> | 장래 |
| <ruby>困<rt>こま</rt></ruby>る | 곤란하다 |
| お<ruby>金<rt>かね</rt></ruby> | 돈 |
| <ruby>貯<rt>た</rt></ruby>める | 모으다/저축하다 |
| 〜に<ruby>迷<rt>まよ</rt></ruby>う | 〜을/를 헤매다 |
| <ruby>地図<rt>ちず</rt></ruby> | 지도 |

# 来週までに上手に
# できるようになりたいです。

다음 주까지 능숙하게 할 수 있게 되고 싶습니다.

**❶** 日本の新聞が読めますか。

일본 신문을 읽을 수 있습니까?

**❷** 漢字が書けるようになりました。

한자를 쓸 수 있게 되었습니다.

**❸** 友だちが来るまで駅で待ちました。

친구가 올 때까지 역에서 기다렸습니다.

**❹** 来週の月曜日までに本を返します。

다음 주 월요일까지 책을 반납하겠습니다.

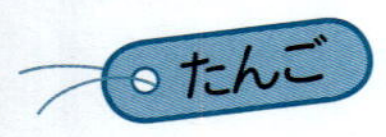

| | |
|---|---|
| 眠い（ねむ） | 졸리다 |
| 実は（じっ） | 실은 |
| 歌（うた） | 노래 |
| 練習（れんしゅう） | 연습 |
| 学園祭（がくえんさい） | 학교 축제 |
| 留学生（りゅうがくせい） | 유학생 |
| 踊る（おど） | 춤추다 |
| 流行る（はや） | 유행하다 |
| アイドル | 아이돌 |

| テンポ | 템포/속도 |
| はや<br>速い | 빠르다 |
| ふくざつ<br>複雑だ | 복잡하다 |
| じょうず<br>上手に | 능숙하게 |
| ぜんぜん<br>全然 | 전혀 |
| あつ<br>集まる | 모이다 |
| もっと | 좀 더 |
| う<br>打つ | 치다 |
| えら<br>選ぶ | 선택하다/고르다 |
| おく<br>送る | 보내다 |

| 答える | 대답하다 |
| 野菜 | 야채 |
| あいさつ | 인사 |
| 残業 | 잔업/야근 |
| 始まる | 시작되다 |
| おしゃべりをする | 수다를 떨다 |
| 返す | 돌려주다/반납하다 |
| ギター | 기타 |
| 払う | 지불하다 |
| ～だけで | ～만으로 |

<ruby>運転<rt>うんてん</rt></ruby>　　　　　　　　　　　운전

<ruby>聞<rt>き</rt></ruby>き<ruby>取<rt>と</rt></ruby>る　　　　　　　알아듣다

<ruby>書類<rt>しょるい</rt></ruby>　　　　　　　　　서류

<ruby>宿題<rt>しゅくだい</rt></ruby>　　　　　　　　　숙제

コピーする　　　　　　복사하다

クリスマス　　　　　　크리스마스

〜がほしい　　　　　　〜을/를 원한다

<ruby>病気<rt>びょうき</rt></ruby>　　　　　　　　　병/아픔

<ruby>教室<rt>きょうしつ</rt></ruby>　　　　　　　　　교실

# お酒を飲むと、顔が赤くなります。

**술을 마시면, 얼굴이 빨개집니다.**

**①** 電気をつけて、明るくなりました。
전기를 켜서 밝아졌습니다.

**②** 仕事に慣れて、楽になりました。
일에 익숙해져서, 편해졌습니다.

**③** うちの娘はもうすぐ20歳になります。
우리 딸은 이제 곧 20살이 됩니다.

**④** 春になると、さくらが咲きます。
봄이 되면, 벚꽃이 핍니다.

**⑤** 年をとっても、働きたいです。
나이가 들어도, 일하고 싶습니다.

| | |
|---|---|
| <ruby>顔色<rt>かおいろ</rt></ruby> | 안색/얼굴색 |
| <ruby>無理<rt>むり</rt></ruby> | 무리 |
| <ruby>壊<rt>こわ</rt></ruby>す | 망가뜨리다 |
| <ruby>特<rt>とく</rt></ruby>に | 특히 |
| <ruby>何<rt>なに</rt></ruby>も | 아무것도 |
| <ruby>変<rt>か</rt></ruby>わる | 변하다 |
| <ruby>赤<rt>あか</rt></ruby>い | 빨갛다 |
| <ruby>気分<rt>きぶん</rt></ruby> | 기분 |
| すぐに | 금방/곧 |

| 恥<ruby>は</ruby>ずかしい | 부끄럽다/창피하다 |
| --- | --- |
| つまらない | 재미없다/시시하다 |
| 〜に慣<ruby>な</ruby>れる | 〜에 익숙하다/〜에 길들여지다 |
| 娘<ruby>むすめ</ruby> | 딸 |
| もうすぐ | 이제 곧 |
| 20歳<ruby>はたち</ruby> | 스무살 |
| 咲<ruby>さ</ruby>く | (꽃이) 피다 |
| 道<ruby>みち</ruby> | 길 |
| まっすぐ | 똑바로/곧장 |
| ボタン | 버튼/단추 |

| | |
|---|---|
| 押す | 누르다/밀다 |
| 水 | 물 |
| 出る | 나가다/나오다 |
| まずい | 맛없다 |
| 年をとる | 나이가 들다/나이를 먹다 |
| 電気 | 전기 |
| 明るい | 밝다 |
| 一日中 | 하루종일 |
| 使う | 사용하다 |
| 目 | 눈 |

|  |  |
|---|---|
| <ruby>痛<rt>いた</rt></ruby>い | 아프다 |
| <ruby>仲<rt>なか</rt></ruby>がいい | 사이가 좋다 |
| エレベーター | 엘리베이터 |
| できる | 생기다 |
| うそをつく | 거짓말 하다 |
| けんか | 싸움 |
| ストレス | 스트레스 |
| たまる | 쌓이다 |
| お<ruby>腹<rt>なか</rt></ruby>がいっぱいだ | 배가 부르다 |
| <ruby>番組<rt>ばんぐみ</rt></ruby> | 방송 |

| <ruby>買<rt>か</rt></ruby>う | 사다 |
| <ruby>付<rt>つ</rt></ruby>き<ruby>合<rt>あ</rt></ruby>う | 사귀다 |
| <ruby>学校<rt>がっこう</rt></ruby> | 학교 |
| なくなる | 없어지다 |
| <ruby>文法<rt>ぶんぽう</rt></ruby> | 문법 |
| なかなか | 좀처럼 |
| <ruby>悩<rt>なや</rt></ruby>む | 고민하다 |
| そんな | 그런 |
| おすすめ | 추천 |
| <ruby>教材<rt>きょうざい</rt></ruby> | 교재 |

| | |
|---|---|
| 〜だけで | 〜만으로 |
| 発音 <br> （はつおん） | 발음 |
| だんだん | 점점 |
| 会話 <br> （かいわ） | 회화 |
| 転勤する <br> （てんきん） | 전근 가다 |
| 始める <br> （はじ） | 시작하다 |
| ぺらぺら | 유창하게/줄줄 |

# あそこで撮影があるようです。

## 저기에서 촬영이 있는 것 같습니다.

**①** 彼女は幸せなようです。

그녀는 행복한 것 같습니다.

**②** 彼は歌が上手で、

まるで歌手のようです。

그는 노래를 잘해서, 마치 가수 같습니다.

**③** 母のような優しい人と結婚したいです。

엄마 같은 상냥한 사람과 결혼하고 싶습니다.

| | |
|---|---|
| あそこ | 저기 |
| <ruby>集<rt>あつ</rt></ruby>まる | 모이다 |
| ある | (사물이) 있다 |
| <ruby>何<rt>なに</rt></ruby>か | 뭔가 |
| <ruby>撮影<rt>さつえい</rt></ruby> | 촬영 |
| <ruby>芸能人<rt>げいのうじん</rt></ruby> | 연예인 |
| <ruby>背<rt>せ</rt></ruby>が<ruby>高<rt>たか</rt></ruby>い | 키가 크다 |
| スタイル | 스타일 |
| まるで | 마치 |

| | |
|---|---|
| モデル | 모델 |
| 人気（にんき） | 인기 |
| いる | (사람, 동물이) 있다 |
| すてきだ | 멋있다 |
| 〜がほしい | 〜을/를 원하다(갖고 싶다) |
| 早（はや）く | 빨리 |
| 電話（でんわ）に出（で）る | 전화를 받다 |
| 留守（るす） | 부재 중 |
| にこにこする | 방긋거리다 |
| 二人（ふたり） | 두 사람 |

| | |
|---|---|
| <ruby>仲<rt>なか</rt></ruby> | 사이 |
| <ruby>部屋<rt>へや</rt></ruby> | 방 |
| <ruby>蒸<rt>む</rt></ruby>し<ruby>暑<rt>あつ</rt></ruby>い | 무덥다 |
| サウナ | 사우나 |
| <ruby>辛<rt>から</rt></ruby>い<ruby>物<rt>もの</rt></ruby> | 매운 것 |
| <ruby>母<rt>はは</rt></ruby> | 엄마 |
| <ruby>結婚<rt>けっこん</rt></ruby>する | 결혼하다 |
| <ruby>付<rt>つ</rt></ruby>き<ruby>合<rt>あ</rt></ruby>う | 사귀다 |
| また | 또 |
| <ruby>片付<rt>かたづ</rt></ruby>ける | 정리하다/정돈하다 |

| | |
|---|---|
| 消(き)える | 꺼지다 |
| ダイエット中(ちゅう) | 다이어트 중 |
| 約束(やくそく) | 약속 |
| 上手(じょうず)だ | 잘하다/능숙하다 |
| 人形(にんぎょう) | 인형 |
| かっこいい | 멋있다 |
| ぺらぺらだ | 능숙하게 술술 말하다 |
| チョコレート | 초콜릿 |
| 生(なま)ビール | 생맥주 |
| 冷(つめ)たいもの | 찬 것 |

| 古<ruby>ふる</ruby>い | 오래되다/낡다 |

<table>
<tr><td><ruby>ふる<br>古</ruby>い</td><td>오래되다/낡다</td></tr>
</table>

| | |
|---|---|
| 古い（ふる） | 오래되다/낡다 |
| 町（まち） | 마을 |
| 所（ところ） | 곳/장소 |
| マルチーズ | 마르티스 |
| 犬（いぬ） | 개 |
| ペット | 애완동물 |
| 飼う（か） | 기르다 |

# みんな優しくしてくれました。

**모두 친절하게 해 주었습니다.**

**①** 私は鈴木さんに韓国料理を作ってあげました。

나는 스즈끼 씨에게 한국 요리를 만들어 주었습니다.

**②** 友だちは私に辞書を貸してくれました。

친구는 나에게 사전을 빌려 주었습니다.

**③** 私は兄に重い荷物を運んでもらいました。

형은 (나의) 무거운 짐을 옮겨 주었습니다.

**④** 仕事のために、毎週英語を習っています。

일을 위해서, 매주 영어를 배우고 있습니다.

**⑤** 結婚式に出るために、プサンへ行きます。

결혼식에 참석하기 위해서 부산에 갑니다.

| | |
|---|---|
| 久<ruby>ひさ</ruby>しぶりです | 오랜만입니다 |
| ホームステイ | 홈스테이 |
| ホストファミリー | 홈스테이 가족 |
| 思<ruby>おも</ruby>い出<ruby>で</ruby> | 추억 |
| いろいろだ | 여러 가지다 |
| 連<ruby>つ</ruby>れて行<ruby>い</ruby>く | 데리고 가다 |
| 毎週<ruby>まいしゅう</ruby> | 매주 |
| 誕生日<ruby>たんじょうび</ruby> | 생일 |
| 準備<ruby>じゅんび</ruby>する | 준비하다 |

<ruby>留学<rt>りゅうがく</rt></ruby>する | 유학가다

<ruby>論文<rt>ろんぶん</rt></ruby> | 논문

<ruby>資料<rt>しりょう</rt></ruby> | 자료

<ruby>集<rt>あつ</rt></ruby>める | 모으다

セーター | 스웨터

ネクタイ | 넥타이

<ruby>後輩<rt>こうはい</rt></ruby> | 후배

<ruby>説明<rt>せつめい</rt></ruby>する | 설명하다

おごる | 한턱내다

<ruby>弟<rt>おとうと</rt></ruby> | 남동생

| | |
|---|---|
| <ruby>手伝<rt>てつだ</rt></ruby>う | 돕다/거들다 |
| <ruby>手紙<rt>てがみ</rt></ruby> | 편지 |
| <ruby>財布<rt>さいふ</rt></ruby> | 지갑 |
| お<ruby>菓子<rt>かし</rt></ruby> | 과자 |
| <ruby>辞書<rt>じしょ</rt></ruby> | 사전 |
| <ruby>貸<rt>か</rt></ruby>す | 빌려주다 |
| <ruby>調<rt>しら</rt></ruby>べる | 조사하다 |
| <ruby>教<rt>おし</rt></ruby>える | 가르치다 |
| <ruby>兄<rt>あに</rt></ruby> | 형 |
| <ruby>重<rt>おも</rt></ruby>い | 무겁다 |

| | |
|---|---|
| <ruby>荷<rt>に</rt></ruby><ruby>物<rt>もつ</rt></ruby> | 짐 |
| <ruby>運<rt>はこ</rt></ruby>ぶ | 운반하다/나르다 |
| <ruby>息<rt>むす</rt></ruby><ruby>子<rt>こ</rt></ruby> | 아들 |
| <ruby>健<rt>けん</rt></ruby><ruby>康<rt>こう</rt></ruby> | 건강 |
| いい<ruby>物<rt>もの</rt></ruby> | 좋은 것 |
| <ruby>貯<rt>た</rt></ruby>める | 모으다/저축하다 |
| <ruby>一生懸命<rt>いっしょうけんめい</rt></ruby> | 열심히 |

# 門限がなくて、10時までに帰らなくてもいいです。

**통금이 없어서, 10시까지 돌아가지 않아도 됩니다.**

❶ 日曜日は早く起きなくてもいいです。

일요일은 일찍 일어나지 않아도 됩니다.

❷ 借りたものは早く返さなければなりません。

빌린 물건은 빨리 돌려주지 않으면 안 됩니다.

❸ 母は傘を持たないで、出かけました。

엄마는 우산을 갖지 않고, 외출했습니다.

❹ ごはんを食べなくて、お腹が空いています。

밥을 먹지 않아서, 배가 고픕니다.

| | |
|---|---|
| 変<sub>か</sub>わる | 변하다 |

か
変わる — 변하다

そう じ
掃除 — 청소

せんたく
洗濯 — 세탁

〜など — 〜등

か じ
家事 — 집안일

じ ぶん
自分で — 스스로

た
足りる — 충분하다

き かんちゅう
期間中 — 기간 중

た もの
食べ物 — 먹을 것/음식

| <ruby>一人暮<rt>ひとりぐ</rt></ruby>らし | 자취생활 |
| <ruby>門限<rt>もんげん</rt></ruby> | 통금 |
| <ruby>靴<rt>くつ</rt></ruby> | 신발/구두 |
| <ruby>脱<rt>ぬ</rt></ruby>ぐ | 벗다 |
| もう | 이미/벌써 |
| <ruby>心配<rt>しんぱい</rt></ruby>する | 걱정하다 |
| <ruby>並<rt>なら</rt></ruby>ぶ | 줄 서다 |
| <ruby>絶対<rt>ぜったい</rt></ruby>に | 절대로 |
| <ruby>守<rt>まも</rt></ruby>る | 지키다 |
| <ruby>返<rt>かえ</rt></ruby>す | 돌려주다/반납하다 |

| | |
|---|---|
| 気<ruby>き</ruby>をつける | 주의하다 |
| 肉<ruby>にく</ruby> | 고기 |
| 魚<ruby>さかな</ruby> | 생선 |
| 先<ruby>さき</ruby>に | 먼저 |
| シャワーを浴<ruby>あ</ruby>びる | 샤워를 하다 |
| お腹<ruby>なか</ruby>が空<ruby>す</ruby>く | 배가 고프다 |
| 出<ruby>で</ruby>かける | 외출하다 |
| 今日中<ruby>きょうじゅう</ruby> | 오늘 중 |
| 就職<ruby>しゅうしょく</ruby>する | 취직하다 |
| テストを受<ruby>う</ruby>ける | 시험을 치다 |

| | |
|---|---|
| 手（て） | 손 |
| 洗う（あらう） | 씻다 |
| 冬休み（ふゆやすみ） | 겨울방학 |
| 消す（けす） | 끄다/지우다 |
| 砂糖（さとう） | 설탕 |
| 入れる（いれる） | 넣다 |
| めがねをかける | 안경을 끼다 |
| 帽子をかぶる（ぼうしをかぶる） | 모자를 쓰다 |
| 授業を受ける（じゅぎょうをうける） | 수업을 받다 |
| 出勤する（しゅっきんする） | 출근하다 |

| | |
|---|---|
| 去年（きょねん） | 작년 |
| 忘れる（わすれる） | 잊다 |
| 思い出（おもいで） | 추억 |
| 調べる（しらべる） | 조사하다 |
| 歩く（あるく） | 걷다 |
| 見つかる（みつかる） | 발견되다 |
| 困る（こまる） | 곤란하다 |
| 探す（さがす） | 찾다 |
| 声をかける（こえをかける） | 말을 걸다 |
| 言う（いう） | 말하다 |

| | |
|---|---|
| うまく | 잘/훌륭히 |
| <ruby>何<rt>なん</rt></ruby><ruby>度<rt>ど</rt></ruby>も | 몇 번이나 |
| <ruby>気<rt>き</rt></ruby>にする | 신경 쓰다 |
| <ruby>笑<rt>わら</rt></ruby>う | 웃다 |
| ボランティア | 자원 봉사 |
| <ruby>親切<rt>しんせつ</rt></ruby>に | 친절하게 |

# 34

これは韓国でたくさんの人に
読まれている小説です。

이것은 한국에서 많은 사람들에게 읽혀지고 있는 소설입니다.

**❶** 私は先輩にいじめられました。

나는 선배에게 괴롭힘을 당했습니다.

**❷** 私は部長に仕事を頼まれました。

나는 부장님에게 일을 부탁 받았습니다.

**❸** 昨日帰りに雨に降られてしまいました。

어제 돌아가는 길에 비를 맞고 말았습니다.

**❹** 桜は日本人に愛されています。

벚꽃은 일본인에게 사랑 받고 있습니다.

**❺** 富士山という山を知っていますか。

후지 산이라고 하는 산을 알고 있습니까?

| | |
|---|---|
| すすめる | 추천하다 |
| 小説（しょうせつ） | 소설 |
| たくさんの人（ひと） | 많은 사람 |
| ところで | 그런데 |
| 急（きゅう）に | 갑자기 |
| その後（あと） | 그 후 |
| 隣（となり）の人（ひと） | 옆집 사람 |
| 騒（さわ）ぐ | 떠들다 |
| 結局（けっきょく） | 결국 |

| 誘う（さそう） | 권유하다 |
| 押す（お） | 밀다 |
| 呼ぶ（よ） | 부르다 |
| 盗む（ぬす） | 훔치다 |
| 叱る（しか） | 꾸중하다 |
| 触る（さわ） | 만지다 |
| ほめる | 칭찬하다 |
| 招待する（しょうたい） | 초대하다 |
| いじめる | 괴롭히다 |
| 蚊（か） | 모기 |

| <ruby>刺<rt>さ</rt></ruby>す | 찌르다 |
| すり | 소매치기 |
| <ruby>掏<rt>す</rt></ruby>る | 소매치기하다 |
| <ruby>部長<rt>ぶ ちょう</rt></ruby> | 부장 |
| <ruby>頼<rt>たの</rt></ruby>む | 부탁하다 |
| <ruby>作文<rt>さくぶん</rt></ruby> | 작문 |
| <ruby>帰<rt>かえ</rt></ruby>りに | 돌아가는 길에 |
| ビル | 빌딩 |
| <ruby>建<rt>た</rt></ruby>てる | 짓다/세우다 |
| <ruby>桜<rt>さくら</rt></ruby> | 벚꽃 |

| | |
|---|---|
| <ruby>愛<rt>あい</rt></ruby>する | 사랑하다 |
| <ruby>世界中<rt>せ かいじゅう</rt></ruby> | 전 세계 |
| <ruby>方<rt>かた</rt></ruby> | 분 |
| <ruby>新幹線<rt>しんかんせん</rt></ruby> | 신칸센 |
| <ruby>牛丼<rt>ぎゅうどん</rt></ruby> | 규동/소고기 덮밥 |
| <ruby>怒<rt>おこ</rt></ruby>る | 화내다 |
| どうしたんですか | 무슨 일입니까? |
| どろぼう | 도둑 |
| <ruby>振<rt>ふ</rt></ruby>る | 거절하다 |
| <ruby>残念<rt>ざんねん</rt></ruby>だ | 유감이다 |

|  |  |
|---|---|
| プロポーズする | 청혼하다 |
| ラブレター | 러브레터 |
| <ruby>外国人<rt>がいこくじん</rt></ruby> | 외국인 |
| <ruby>道<rt>みち</rt></ruby> | 길 |
| <ruby>犬<rt>いぬ</rt></ruby> | 개 |
| あし | 다리 |
| <ruby>噛<rt>か</rt></ruby>む | 물다 |
| <ruby>弟<rt>おとうと</rt></ruby> | 남동생 |
| <ruby>先週<rt>せんしゅう</rt></ruby> | 지난주 |
| <ruby>壊<rt>こわ</rt></ruby>す | 망가뜨리다 |

|  |  |
|---|---|
| <ruby>大事<rt>だいじ</rt></ruby>だ | 중요하다 |
| <ruby>書類<rt>しょるい</rt></ruby> | 서류 |
| <ruby>捨<rt>す</rt></ruby>てる | 버리다 |
| <ruby>一晩中<rt>ひとばんじゅう</rt></ruby> | 밤새도록 |
| <ruby>飼<rt>か</rt></ruby>う | 기르다 |
| <ruby>悲<rt>かな</rt></ruby>しい | 슬프다 |
| <ruby>電車<rt>でんしゃ</rt></ruby> | 전철 |
| <ruby>迷惑<rt>めいわく</rt></ruby>だ | 폐가 되다/성가시다 |
| <ruby>荷物<rt>にもつ</rt></ruby> | 짐 |
| バター | 버터 |
| <ruby>牛乳<rt>ぎゅうにゅう</rt></ruby> | 우유 |

| 卒業式（そつぎょうしき） | 졸업식 |
| --- | --- |
| 行う（おこな） | 거행되다 |
| スニーカー | 스니커즈 |
| 売る（う） | 팔다 |
| 国（くに） | 나라 |
| たこ焼き（や） | 타코야끼 |
| 渋谷（しぶや） | 일본 지명(시부야) |
| 駅弁（えきべん） | 역에서 파는 도시락 |
| 弁当（べんとう） | 도시락 |

# 私は子どもを自由に遊ばせます。

## 저는 아이를 자유롭게 놀게 하겠습니다.

**①** 課長は田中さんを出張に行かせました。

과장님은 다나까 씨를 출장 가게 했습니다.

**②** 私は娘にピアノを習わせたいです。

저는 딸에게 피아노를 배우게 하고 싶습니다.

**③** 今日は雨だし、寒いし、出かけたくありません。

오늘은 비인데다가, 추운데다가,
외출하고 싶지 않습니다.

| | |
|---|---|
| 〜たち | 〜들 |
| <ruby>習<rt>なら</rt></ruby>い<ruby>事<rt>ごと</rt></ruby>で | 배우는 것 때문에 |
| <ruby>塾<rt>じゅく</rt></ruby> | 보습학원 |
| 〜に<ruby>通<rt>かよ</rt></ruby>う | 〜에 다니다 |
| <ruby>親<rt>おや</rt></ruby> | 부모 |
| <ruby>大人<rt>おとな</rt></ruby> | 어른 |
| 〜より | 〜보다 |
| <ruby>暇<rt>ひま</rt></ruby> | 여유 |
| かわいそうだ | 불쌍하다 |

| もっと | 좀 더 |
| 自由<ruby>じゆう</ruby>に | 자유롭게 |
| 無理<ruby>むり</ruby>に | 무리하게 |
| ～だけ | ～만/～뿐 |
| 小<ruby>ちい</ruby>さい時<ruby>とき</ruby> | 어렸을 때 |
| 習<ruby>なら</ruby>う | 배우다 |
| 就職<ruby>しゅうしょく</ruby> | 취직 |
| 必要<ruby>ひつよう</ruby>だ | 필요하다 |
| できれば | 가능하면 |
| 思<ruby>おも</ruby>う | 생각하다 |

|  |  |
|---|---|
| <ruby>本<rt>ほん</rt></ruby><ruby>当<rt>とう</rt></ruby>に | 정말로 |
| どうなるか | 어떻게 될지 |
| <ruby>笑<rt>わら</rt></ruby>う | 웃다 |
| <ruby>消<rt>け</rt></ruby>す | 지우다/끄다 |
| <ruby>選<rt>えら</rt></ruby>ぶ | 선택하다/고르다 |
| <ruby>座<rt>すわ</rt></ruby>る | 앉다 |
| <ruby>別<rt>わか</rt></ruby>れる | 헤어지다/이별하다 |
| <ruby>安心<rt>あんしん</rt></ruby>する | 안심하다 |
| <ruby>課長<rt>かちょう</rt></ruby> | 과장 |
| <ruby>野菜<rt>やさい</rt></ruby> | 야채 |

| 娘（むすめ） | 딸 |

| 辞める（や） | 그만두다 |

| 熱（ねつ） | 열 |

| せきが出る（で） | 기침이 나오다 |

| もし | 만약(에) |

| 物（もの） | 것/물건 |

| 自分（じぶん） | 자신 |

| 片付ける（かたづ） | 정리하다/정돈하다 |

| 太る（ふと） | 살찌다 |

| 後輩（こうはい） | 후배 |

| | |
|---|---|
| いもうと<br>妹 | 여동생 |
| なか　す<br>お腹が空く | 배가 고프다 |
| ぶ　か<br>部下 | 부하 |
| むか<br>迎える | 마중하다 |
| どう | 어떻게 |
| つか　かた<br>使い方 | 사용 방법 |
| ね だん<br>値段 | 가격 |
| び じん<br>美人 | 미인 |
| てんいん<br>店員 | 점원 |

# 日本の番組が好きなので、少し聞き取れるんです。

に ほん　 ばん ぐみ　 す　　すこ　き　　と

일본 방송을 좋아하기 때문에, 조금 알아들을 수 있습니다.

**①** ここは禁煙なので、
タバコは外で吸ってください。

きんえん　　そと　す

여기는 금연이기 때문에, 담배는 밖에서 피우세요.

**②** 手紙を出したのに、返事が来ません。

て がみ　だ　　へん じ　き

편지를 보냈는데도, 답장이 오지 않습니다.

**③** このごろ仕事が大変なんです。

し ごと　たいへん

요즘 일이 힘듭니다.

| | |
|---|---|
| ときどき | 때때로/가끔 |
| 大阪弁<br>（おおさかべん） | 오사카 사투리 |
| 小学校<br>（しょうがっこう） | 초등학교 |
| ～に住む<br>（～にすむ） | ～에 살다 |
| 育つ<br>（そだつ） | 자라다/성장하다 |
| 普段<br>（ふだん） | 평소 |
| イントネーション | 억양 |
| 違う<br>（ちがう） | 다르다 |
| 聞き取る<br>（ききとる） | 알아듣다/청취하다 |

| バラエティー番組（ばんぐみ） | 예능 프로그램 |
| お笑（わら）い芸人（げいにん） | 코미디언/개그맨 |
| 関西出身（かんさいしゅっしん） | 관서지방 출신 |
| 字幕（じまく） | 자막 |
| 禁煙（きんえん） | 금연 |
| 外（そと） | 밖 |
| 吸（す）う | (담배를) 피우다 |
| 苦手（にがて）だ | 질색이다/싫다 |
| 道（みち）が込（こ）む | 길이 막히다 |
| 手紙（てがみ）を出（だ）す | 편지를 보내다 |

| 返事 | 답장 |
| 休みを取る | 휴가를 받다 |
| 昔 | 옛날 |
| 地味だ | 수수하다 |
| おしゃれだ | 세련되다 |
| 入れる | 넣다 |
| わがままだ | 제멋대로다 |

# <ruby>昨日<rt>きのう</rt></ruby><ruby>課<rt>か</rt></ruby><ruby>長<rt>ちょう</rt></ruby>に<ruby>残業<rt>ざんぎょう</rt></ruby>させられました。

きのう か ちょう
昨日課長に
ざん ぎょう
残業させられました。

**어제 과장님에 의해서 어쩔 수 없이 야근을 했습니다.**

**❶** じょう し　　うた　　うた
上司に歌を歌わされました。

상사가 시켜서 어쩔 수 없이 노래를 불렀습니다.

**❷** かい ぎ　　　　　はじ
会議はまだ始まっていません。

회의는 아직 시작되지 않았습니다.

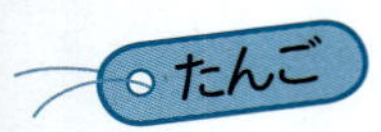


| 疲(つか)れる | 피곤하다 |
| 夜中(よなか) | 한밤중 |
| 帰(かえ)り | 귀가 |
| 遅(おそ)い | 늦다 |
| 海外出張(かいがいしゅっちょう) | 해외출장 |
| できる | 되다 |
| 一人(ひとり)で | 혼자서 |
| 新入社員(しんにゅうしゃいん) | 신입사원 |
| 報告書(ほうこくしょ) | 보고서 |

| ずいぶん | 몹시/대단히/많이 |

| かかる | 걸리다 |

| <ruby>入社<rt>にゅうしゃ</rt></ruby>する | 입사하다 |

| ～に<ruby>慣<rt>な</rt></ruby>れる | ～에 숙달되다/～에 길들여지다 |

| <ruby>資料<rt>しりょう</rt></ruby> | 자료 |

| <ruby>社会生活<rt>しゃかいせいかつ</rt></ruby> | 사회생활 |

| <ruby>払<rt>はら</rt></ruby>う | 지불하다 |

| <ruby>持<rt>も</rt></ruby>つ | 들다 |

| <ruby>運<rt>はこ</rt></ruby>ぶ | 옮기다/운반하다 |

| <ruby>発表<rt>はっぴょう</rt></ruby>する | 발표하다 |

|  |  |
|---|---|
| <ruby>無理<rt>む り</rt></ruby>やり | 무리하게 |
| <ruby>苦手<rt>にが て</rt></ruby>だ | 질색이다/싫다 |
| <ruby>上司<rt>じょう し</rt></ruby> | 상사 |
| バイオリン | 바이올린 |
| <ruby>練習<rt>れんしゅう</rt></ruby> | 연습 |
| サークル | 서클 |
| <ruby>試験<rt>し けん</rt></ruby>を<ruby>受<rt>う</rt></ruby>ける | 시험을 치다 |
| <ruby>席<rt>せき</rt></ruby> | 자리 |
| <ruby>課<rt>か</rt></ruby> | 과 |
| <ruby>旅行先<rt>りょこうさき</rt></ruby> | 여행지 |

|  |  |
|---|---|
| 決<sup>き</sup>める | 결정하다 |

<br>

決<br>める　결정하다

居酒屋<br>いざかや　일본식 선술집

飲み放題<br>のほうだい　술 무한 리필

制限<br>せいげん　제한

以内<br>いない　이내

何杯でも<br>なんばい　몇 잔이라도

種類<br>しゅるい　종류

いろいろな　여러 가지

材料<br>ざいりょう　재료

カクテル　칵테일

すぐに
곧

酔っ払う
만취하다

# 薬を飲んでみたらどうですか。

**약을 먹어 보는 것이 어떻습니까?**

**①** 早く病院に行った方がいいです。

빨리 병원에 가는 편이 좋습니다.

**②** 今日は無理しない方がいいです。

오늘은 무리하지 않는 편이 좋습니다.

**③** 友だちに相談したらどうですか。

친구에게 상담해 보는 것이 어떻습니까?

**④** このスカートを履いてみてもいいですか。

이 스커트를 입어 봐도 됩니까?

| | |
|---|---|
| 体がだるい | 몸이 나른하다 |
| 食欲 | 식욕 |
| なかなか | 좀처럼 |
| 吐き気がする | 구역질이 나다/메슥거리다 |
| バイト先 | 아르바이트 하는 장소 |
| これから | 이제부터 |
| 迎える | 마중하다 |
| 先に | 먼저 |
| 具合が悪い | 몸 상태가 나쁘다 |

| | |
|---|---|
| 乗（の）り遅（おく）れる | (차를) 놓치다 |
| 危（あぶ）ない | 위험하다 |
| 将来（しょうらい） | 장래 |
| 毎月（まいつき） | 매월 |
| スカート | 스커트 |
| 履（は）く | 입다/신다 |
| 温泉（おんせん） | 온천 |
| 旅館（りょかん） | 여관 |
| ～に泊（と）まる | ～에 묵다/머물다 |
| 探（さが）す | 찾다 |

| のど | 목 |
| うがいをする | 가글을 하다 |
| <ruby>声<rt>こえ</rt></ruby> | (목)소리 |
| お<ruby>腹<rt>なか</rt></ruby> | 배 |
| <ruby>調子<rt>ちょうし</rt></ruby> | 상태 |
| <ruby>冷<rt>つめ</rt></ruby>たい | 차갑다 |
| ストレス | 스트레스 |
| たまる | 쌓이다 |
| <ruby>会話<rt>かいわ</rt></ruby> | 회화 |
| <ruby>意味<rt>いみ</rt></ruby> | 의미 |

|  |  |
| --- | --- |
| <ruby>相談<rt>そうだん</rt></ruby>する | 상담하다 |
| <ruby>就職<rt>しゅうしょく</rt></ruby>する | 취직하다 |
| <ruby>今度<rt>こんど</rt></ruby> | 이번에/다음에 |
| <ruby>面接<rt>めんせつ</rt></ruby>を<ruby>受<rt>う</rt></ruby>ける | 면접을 보다 |
| <ruby>発表<rt>はっぴょう</rt></ruby> | 발표 |
| <ruby>心配<rt>しんぱい</rt></ruby> | 걱정 |
| もう<ruby>一度<rt>いちど</rt></ruby> | 다시 한 번 |
| <ruby>聞<rt>き</rt></ruby>き<ruby>取<rt>と</rt></ruby>り | 청취/듣기 |

# 彼女ができたらしいですよ。

**여자 친구가 생긴 것 같습니다.**

**❶ アルバイトは思ったより大変らしいです。**

아르바이트는 생각보다 힘든 것 같습니다.

**❷ 男らしい人と付き合いたいです。**

남자다운 사람과 사귀고 싶습니다.

**❸ あの人はお金持ちかもしれません。**

저 사람은 부자일지도 모릅니다.

**❹ 夕方には雨がやむでしょう。**

저녁 무렵에는 비가 그치겠지요.

| | |
|---|---|
| 知<sup>し</sup>り合<sup>あ</sup>う | 서로 알게 되다 |
| 同僚<sup>どうりょう</sup> | 동료 |
| 女<sup>おんな</sup>らしい | 여자답다 |
| もともと | 원래 |
| 理想<sup>りそう</sup>の人<sup>ひと</sup> | 이상형 |
| 〜に夢中<sup>むちゅう</sup>だ | 〜에 빠지다/〜에 열중하다 |
| 言<sup>い</sup>う | 말하다 |
| おしゃれだ | 세련되다 |
| 暖<sup>あたた</sup>かい | 따뜻하다 |

| | |
|---|---|
| <ruby>男<rt>おとこ</rt></ruby> | 남자 |
| <ruby>似<rt>に</rt></ruby>る | 닮다 |
| <ruby>兄弟<rt>きょうだい</rt></ruby> | 형제 |
| <ruby>外食<rt>がいしょく</rt></ruby> | 외식 |
| <ruby>仲<rt>なか</rt></ruby> | 사이 |
| <ruby>平日<rt>へいじつ</rt></ruby> | 평일 |
| <ruby>道<rt>みち</rt></ruby>が<ruby>空<rt>す</rt></ruby>く | 길이 한산하다 |
| <ruby>忘<rt>わす</rt></ruby>れ<ruby>物<rt>もの</rt></ruby> | 분실물 |
| <ruby>家賃<rt>やちん</rt></ruby> | 집세 |
| <ruby>夕方<rt>ゆうがた</rt></ruby> | 저녁 무렵 |

| やむ | 그치다 |
| パン屋 | 빵집 |
| やわらかい | 부드럽다 |
| 別れる | 헤어지다 |
| 性格 | 성격 |
| 合う | 맞다 |
| 発音 | 발음 |
| アナウンサー | 아나운서 |
| 京都 | 쿄토 |
| 着物 | 기모노 |

| | |
| --- | --- |
| <ruby>大人<rt>おとな</rt></ruby> | 어른 |
| <ruby>化粧<rt>けしょう</rt></ruby> | 화장 |
| <ruby>中学生<rt>ちゅうがくせい</rt></ruby> | 중학생 |
| キャロル | 캐롤 |
| <ruby>好き嫌い<rt>すきらい</rt></ruby> | 좋고 싫음 |
| <ruby>午後<rt>ごご</rt></ruby> | 오후 |
| <ruby>晴れる<rt>は</rt></ruby> | 맑다 |
| ～に<ruby>受かる<rt>う</rt></ruby> | ～에 붙다/합격하다 |

# パーティーの料理は作ってありますか。

파티 요리는 만들어져 있습니까?

**❶ 車が走っています。**
차가 달리고 있습니다.

**❷ 財布が落ちています。**
지갑이 떨어져 있습니다.

**❸ 部屋を片付けています。**
방을 정리하고 있습니다.

**❹ 仕事のために、パソコンがつけてあります。**
일을 위해서, 컴퓨터가 켜져 있습니다.

**❺ 会議の前に資料を集めておきます。**
회의 전에 자료를 모아 놓습니다.

| | |
|---|---|
| いよいよ | 마침내 |
| <ruby>卒業<rt>そつぎょう</rt></ruby>パーティー | 졸업파티 |
| ちゃんと | 꼼꼼하게/틀림없이 |
| できている | 되어 있다 |
| <ruby>確認<rt>かくにん</rt></ruby>する | 확인하다 |
| <ruby>注文<rt>ちゅうもん</rt></ruby>する | 주문하다 |
| <ruby>他<rt>ほか</rt></ruby> | 다른 |
| <ruby>冷<rt>ひ</rt></ruby>やす | 식히다/차게 하다 |
| <ruby>電池<rt>でんち</rt></ruby> | 건전지 |

| | |
|---|---|
| <ruby>楽<rt>たの</rt></ruby>しみだ | 기대되다 |
| <ruby>走<rt>はし</rt></ruby>る | 달리다 |
| <ruby>木<rt>き</rt></ruby> | 나무 |
| お<ruby>客<rt>きゃく</rt></ruby>さん | 손님 |
| スーツ | 정장 |
| <ruby>飾<rt>かざ</rt></ruby>る | 장식하다 |
| <ruby>残<rt>のこ</rt></ruby>る | 남다 |
| <ruby>壁<rt>かべ</rt></ruby> | 벽 |
| メモ | 메모 |
| <ruby>貼<rt>は</rt></ruby>る | 붙이다 |

|  |  |
|---|---|
| <ruby>掃除<rt>そうじ</rt></ruby>する | 청소하다 |
| <ruby>次<rt>つぎ</rt></ruby> | 다음 |
| <ruby>問題<rt>もんだい</rt></ruby> | 문제 |
| 〜について | 〜에 대해서 |
| <ruby>考<rt>かんが</rt></ruby>える | 생각하다 |
| <ruby>洗<rt>あら</rt></ruby>う | 씻다 |
| <ruby>磨<rt>みが</rt></ruby>く | 닦다 |
| <ruby>山登<rt>やまのぼ</rt></ruby>り | 등산 |
| <ruby>地図<rt>ちず</rt></ruby> | 지도 |
| <ruby>就職面接<rt>しゅうしょくめんせつ</rt></ruby> | 취직 면접 |
| <ruby>復習<rt>ふくしゅう</rt></ruby>する | 복습하다 |

| | | | |
|---|---|---|---|
| 開く<br>열리다 | 開ける<br>열다 | 閉まる<br>닫히다 | 閉める<br>닫다 |
| 入る<br>들어가다 | 入れる<br>넣다 | 出る<br>나가다 | 出す<br>내보내다 |
| つく<br>켜지다 | つける<br>켜다 | 消える<br>꺼지다 | 消す<br>끄다 |
| 起きる<br>일어나다 | 起こす<br>깨우다 | 並ぶ<br>줄 서다 | 並べる<br>배열하다 |
| かかる<br>걸리다 | かける<br>걸다 | 止まる<br>서다 | 止める<br>세우다 |
| 落ちる<br>떨어지다 | 落とす<br>떨어뜨리다 | 集まる<br>모이다 | 集める<br>모으다 |
| 壊れる<br>망가지다 | 壊す<br>망가뜨리다 | 倒れる<br>쓰러지다 | 倒す<br>쓰러뜨리다 |
| 汚れる<br>더러워지다 | 汚す<br>더럽히다 | 割れる<br>깨지다 | 割る<br>깨다 |

## 몸에 착용하는 동사

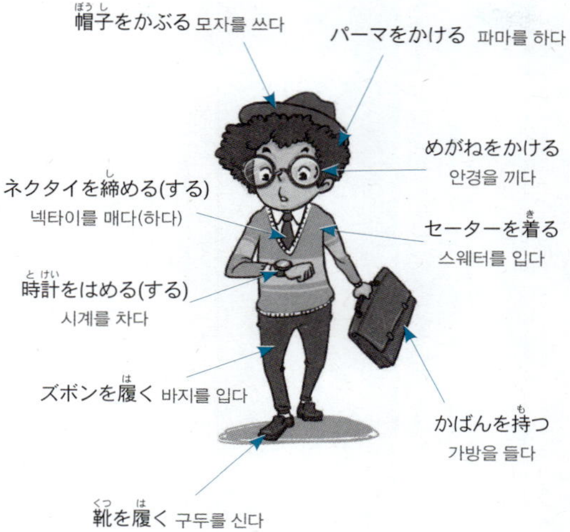

帽子をかぶる 모자를 쓰다
パーマをかける 파마를 하다
めがねをかける
안경을 끼다
ネクタイを締める(する)
넥타이를 매다(하다)
セーターを着る
스웨터를 입다
時計をはめる(する)
시계를 차다
ズボンを履く 바지를 입다
かばんを持つ
가방을 들다
靴を履く 구두를 신다